Vatterode

Karl Heinz Vatterott

Abbildung 1: Renoviertcs Wohnhaus und Scheune des **von Watterodt'**schen Rittergutes in Mauderode 2008.

Abbildung 2: Edelhof zu Steina 2008, bis 1659 im Besitz der Familie **von Watterodt.** Heute bestehen folgende Adressen: Linkes Haus: Am Kirchplatz 5; rechtes Haus: Am Kirchplatz 4

Karl Heinz Vatterott

Vatterode

Ein Name aus der Geschichte des Mansfelder Landes und Eichsfeldes

3. Auflage; erweitertes Kompendium der 1. und 2. Auflage

Bibliographische Information der Deutschen Nationalbibliothek.
Die Deutsche Nationalbibliothek verzeichnet diese Publikation in der Deutschen Nationalbibliografie. Detaillierte bibliographische Daten sind im Internet über http://dnd.dnb.de abrufbar.

Titelseite und Vorsatz: K. H. **Vatterott**; Wappen der Familie „**v. WATTERODT**“
nachgezeichnet 2008 im Auftrag von Herrn Klaus **Watteroth**
(Es entspricht dem Wappen derer „**v. WATTERODT**“ zu Steina)

Herstellung und Verlag: BoD – Books on Demand, Norderstedt

ISBN: 9783758375729

Vorwort

Diese Arbeit über den Ortsnamen *„Vatterode"* und dem daraus abgeleiteten Familiennamen **„Vatterode"** resultiert aus dem Interesse der Familienmitglieder an der Herkunft unserer Vorfahren. Unsere Vorfahren sind unsere Wurzeln. Sie schärfen den Blick für die Gegenwart und sind als Lehrmeister Wegweiser für die Zukunft. In den ersten beiden Auflagen wurde sowohl der Ursprung als auch die heutige Verbreitung des Namens ***„Vatterode"*** aufgezeigt. Die historischen Begebenheiten für den Namen ***„Vatterode"*** wurden aus der Geschichte herausgeschält und zu einem selbstständigen Ganzen verarbeitet. Dabei wurden vielfältige Varianten von dem Ortsnamen ***„Vatterode"*** wie auch vom Familiennamen festgestellt. Somit ist auch eine Hilfestellung zur Ahnenforschung mit den unterschiedlichen Schreibweisen der Familiennamen gewährleistet. Die Verbreitung des Familiennamens **„Vatterode"** wurde im Spiegel der Geschichte ausgehend vom Mansfelder Land, des Südharzes und des Eichsfeldes erarbeitet. Auch die Zuwanderungsgebiete mit ihren attraktiven Angeboten zur Verbesserung der wirtschaftlichen oder politischen Lage wurden mit einbezogen. Für die Namensvarianten der Ortsnamen werden die kursiven Schriftzeichen, ***„Vatterode"*** und für die Personennamen die normalen, **„Vatterode"** gewählt.

Das vorliegende Buch ***Vatterode*** in 3. Auflage ist ein Kompendium der erweiterten 1. und 2. Auflage. Die gewonnenen Erkenntnisse wurden durch weitere Fundstellen von unseren adeligen Vorfahren und den mit unserem Familiennamen **„Vatterode"** historischen Gegebenheiten ausgearbeitet. Dadurch ergibt sich aus dem zusammengefassten Inhalt der drei Auflagen die Familiengeschichte der Familie **Vatterode** in deutscher und englischer Sprache.

Die durchgeführte Forschung belegt die Ableitung des Namens der adeligen Familie **von Watterode** und der Familiennamen **Vatterode** vom Ortsnamen ***Vatterode***. Die frühgeschichtlichen Urkunden dokumentieren die Macht und die Besitztümer der Namensträger. Das Wirken der Namensträger in jener Zeit wird vorrangig vor den Trägern des bürgerlichen Familiennamens behandelt. Unter letzteren wurden einige entsprechend ihrer Verdienste ausgewählt.

Diese Studie konnte bei der Quellensuche nur durch die Unterstützung von Herrn Heinz Duensing aus Steina sowie durch Spenden erfolgen. Allen Unterstützern gebührt besonderer Dank. Nicht zuletzt sei auch den **Vatterott**s in den USA, insbesondere John **Vatterott** – Seite 6, 27, 32, 55 - für das außerordentliche familiäre Interesse gedankt.

Karl Heinz **Vatterott**

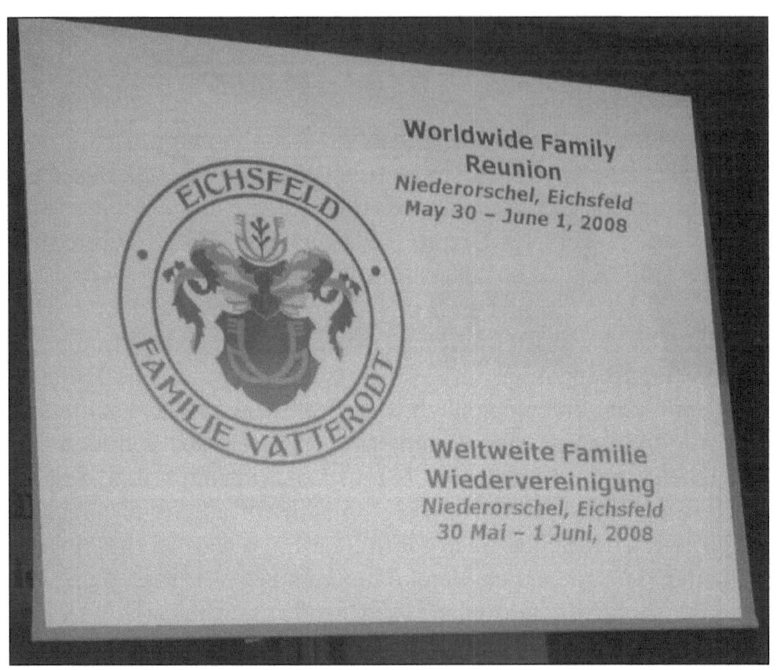

Abbildung 3: Dieses Banner weist auf das Treffen unserer Namensfamilie V**atterodt** hin, an dem sich über 600 Personen aus vier Kontinenten beteiligten.

Abbildung 4: Den Scheck in Höhe von 10.000, - US $ spendete John **Vatterott** USA - Seite 27, 32, 55 - an die Pfarrgemeinde St. Marien in Niederorschel. Von links Pfarrer William (Bill) **Vatterott**, USA, Bürgermeister Dannoritzer, John **Vatterott**, Karl Heinz **Vatterott** – Seite 6, 25, 55, Klappentext -.

Inhaltsverzeichnis **Seite**

1. Zum Familiennamen

Hören Menschen ihren eigenen, auch nur verzerrten Namen, so wird die Aufmerksamkeit auf das innere Ich gelenkt. Interesse und Wertschätzung am Menschen werden geweckt. Selbst mitten in einem angeregten Gespräch wird man durch Neugier kurzzeitig abgelenkt und überlegt: „Ist die Erwähnung meies Namens von Bedeutung, eher positiv oder negativ?“ Vorübergehend wird sogar die Konversation durch die einmalige Nennung des Namens unterbrochen, um die damit verbundene Information nicht zu überhören, sie einzuordnen und je nach deren Wert zu handeln. Dadurch ist eine Individualisierung des Menschen und der Wunsch nach Unverwechselbarkeit gegeben.

Der zur Individualisierung und Identifizierung dienende Name betrifft eine Person, einen Gegenstand, eine organisatorische Einheit oder einen Begriff. Infolge seines Einflusses auf das öffentliche Geschehen sowie seines höheren Einflusses hob sich der Adel von der gesellschaftlichen Umgebung ab. Daraus ergab sich der militärische und politische Führungsanspruch dieser Schicht. Um Landbesitz zu dokumentieren und Steuerzahlungen festzuhalten, hatte sich beim Adel im Laufe der Zeit der Familienname entwickelt. Er überträgt sich nicht einfach durch Erbgang, sondern musste als Folge der Abstammung und Zugehörigkeit des Individuums zu einer Familie:

- amtlich verbindlich sein,
- lebenslang bestehen und
- vererbt werden.

Die gehobene Stellung des Adeligen konnte unabhängig von der ursprünglichen ökonomischen Grundlage inklusive des Nachnamens vererbt werden:

- durch militärische Überlegenheit oder Leistung, Schwertadel, Rittertum,
- durch wirtschaftliche Überlegenheit, Großgrundbesitz, Patriziat,
- verliehen durch einen König oder Kaiser: Dienst- oder Amtsadel,
- aufgrund einer besonderen religiösen Rolle: Priesteradel.

Das Erbrecht des Adels beruhte auf der Agnation, d.h. dass nur männliche Nachkommen väterlicherseits erbberechtigt waren. Die Agnation ist die väterliche Gewalt über alle Familienmitglieder sowie über Hab und Gut. Eine weibliche Person durfte nur erben, wenn sie einen Adeligen heiratete.

1.1 Zur gesellschaftlichen Entwicklung in der Umgebung des Familiennamens „**Vatterode**“

In den vorindustriellen Hochkulturen bildete sich eine Adelsschicht. Junge noch nicht zum Ritter geschlagene Adelige wurden als Junker bezeichnet. Dieser Begriff stammt vom mittelhochdeutschen Wort „Juncherre“ ab und bezieht sich auf einen adligen Gutsbesitzer oder einen jungen Landadligen. Ab einem Mindestalter von 14 Jahren konnte ein ritterbürtiger Jüngling als Knappe oder Edelknabe Hilfsdienste leisten und das Waffenhandwerk erlernen. Bei der Erhebung zum Knappen erhielt er vom Priester ein geweihtes Kurzschwert und durfte fortan an Turnieren teilnehmen. Hatte ein Knappe das 21. Lebensjahr erreicht und sich durch Mut sowie Treue ausgezeichnet, empfing er den Ritterschlag für Langschwert und Lanze.

Der Schwertadel übernahm mit Pferden, Waffen sowie Kriegsknechten die Verteidigung der bäuerlichen Bevölkerung und wurde von ihr versorgt und ausgerüstet. Es entwickelte sich ein Vasallensystem mit Gerichtsbarkeit, in dem der Mächtigere seinen Gefolgsleuten die Mittel und Verantwortung für ihren eigenen Unterhalt übertrug. Die Welfen des Hauses Hannover gehören noch heute zu den wenigen blühenden deutschen Dynastien, die vor der ersten Jahrtausendwende nachgewiesen sind.

In Mitteleuropa war ein Angehöriger der ersten zwei Stände des Adels und des Klerus der Grundherr. Er war Grundeigentümer oder Inhaber einer Pacht mit Verfügungsgewalt über das Land und übte zumeist auch weitreichende Verwaltungsfunktionen aus, wie die Nutzungsvergabe von land- oder forstwirtschaftlichen Flächen, niedere Gerichtsfunktionen mit rechtlicher Verwaltung und er verfügte über öffentliche Befugnisse. Er besaß das Patronatsrecht und konnte in religiösen oder besitzrechtlichen Fragen über seine Untertanen bestimmen. Allerdings hatte der Grundherr Schutz und Schirm für seine Untertanen zu gewähren. Die Grundherrschaft umfasste somit eine Herrschafts- und Besitzstruktur, wie Erbuntertänigkeit, Leibherrschaft, Schutzherrschaft, Gerichtsherrschaft, Zehntherrschaft, Vogteigewalt und Dorfobrigkeit. Demnach hatte ein Adeliger als Grundherr eine Verfügungsgewalt über Personen. Diese könnte in der germanischen Gefolgschaft vor dem Mittelalter in ähnlicher Form zu finden sein. Das Prinzip des Herrschenden der damaligen Bevölkerung setzte sich durch die Christianisierung als männlich dominanter Hirte über die Schafherde und deren Verfügbarkeit durch. Die der Herde mündlich weitergegebenen Lasten veränderten sich im Laufe der Zeit schrittweise und wurden häufig erhöht, um deren Seelenheil zu dienen.

Jede Grundherrschaft hatte einen sogenannten Herrensitz. Im Mittelalter war das zumeist eine Burg, später ein Schloss oder Herrenhaus. Im frühen und hohen Mittelalter wurden die grundherrlichen Zentralhöfe oft als curtis oder curia bezeichnet. Der Herrensitz beherbergte die Familie des Inhabers der Grundherrschaft mit Verwaltern und den Bediensteten; er war zugleich der wirtschaftliche und verwaltungstechnische Mittelpunkt der Grundherrschaft. Ausgestaltungsformen des Herrensitzes waren das Allod, das Rittergut. Mit dem Rittergut waren neben den Aufgaben einer Grundherrschaft oft die niedere, in selteneren Fällen auch die Hohe Gerichtsbarkeit verbunden. Die Adeligen übten damit – bis zur Bauernbefreiung – zugleich rechtsprechende Funktionen aus und stellten außerdem die örtliche Obrigkeit mit lokaler Polizeigewalt für die Jagdgerechtigkeit, häufig Fischereirechte, Braugerechtigkeit und andere Bannrechte. Hofgüter eines Landesherrn wurden als Domänen oder Kammergüter bezeichnet. Bei größeren Grundherrschaften in einer Region mit vielen Untertanen wurde häufig ein örtlicher Meier (Verwalter) für die Verwaltung bestellt.

In der Karolingerzeit 751 bis 919 nach Chr. waren einem Herrenhof mehrere Fronhöfe oder Salhöfe zugeordnet. Diese dienten zur Verwaltung der einzelnen, oft verstreut liegenden Höfe oder Hufen des Grundherrn. Das Salland wurde in Eigenwirtschaft mit Hilfe von unfreiem Gesinde unter der Leitung eines Meiers bebaut. Zinspflichtige hörige Bauern leisteten eine festgelegte Anzahl von Tagen Frondienst, etwa Spanndienst auf dem Fronhof, und bewirtschafteten daneben ihre eigenen gegen Grundzins oder Naturalabgaben an sie vergebenen Hofstellen. Die Naturalabgaben der Hörigen spielten bis zum Ende der Grundherrschaft eine wichtige Rolle und wurden erfasst in den Salbüchern, auch als Berein bezeichnet, im Heberegister, Erdbuch, Zinsregister oder Urbar, Urbarium, *Mz.* Urbare oder Urbarien. Die Begriffe sind aus dem mittelhochdeutschen erbern, „hervorbringen“ oder „Ertrag bringen“ abgeleitet. Es handelt sich um zu ökonomischen, administrativen oder rechtlichen Zwecken angelegte Verzeichnisse von Liegenschaften, Abgaben und Diensten einer Grundherrschaft (z. B. eines Klosters) oder einer Villikation. Ferner gab es auch Register für Steuern der Landesherren und ab 1543 für die Türkensteuer.
Adlige Familien leisteten durch ihre Teilnahme an der Regierung, durch die Gründung von Städten, die Stiftung oder Förderung von Klöstern und Domschulen dauerhafte Beiträge zur Kultur des Mittelalters. Um die Vormacht des örtlichen Adels zu brechen setzte der König häufig Erzbischöfe und Bischöfe als Adelige von außerhalb ihrer Diözese ein.

1.2 Zur Namensgebung

Die Namensgebung ist weltweit sehr unterschiedlich geregelt und hängt von Kultur, Tradition, Gesellschaftsordnung und Herkunft ab. Die Römer hatten schon ein 3-Namen-System: Quintus Horatius Flaccus (der 5. aus der Sippe der Horatier, der Blonde) - Rufname – Sippenname – Beiname.

Beim Adel hatte sich der Familienname entwickelt, um Landbesitz zu dokumentieren und Steuerzahlungen festzuhalten. Seit der Erblichkeit der Lehen im Jahr 1037 trug der mitteleuropäische Adel für Erbansprüche feste Familiennamen; später folgten die Patrizier und Stadtbürger diesem Brauch. Um die Abgaben der Hörigen zu dokumentieren war auch für diese eine Namensgebung erforderlich. Die Namensgebung oder Gründung einer Siedlung hatte oft lange vor ihrer erstmaligen urkundlichen Erwähnung stattgefunden. Mit Hilfe der Ortsbezeichnungen blicken wir deshalb auf eine weit zurückliegende Ära ohne Dokumente in Richtung Frühgeschichte.

Im 9. Jahrhundert wurde erstmals in Venedig ein Familienname vererbt. Diese Sitte breitete sich im 12. Jahrhundert nach England sowie der Schweiz aus. Danach wurde der vererbliche Familienname auch in west- und süddeutschen Städten üblich. Für durchgängige Familiennamen bildete die Konstanzer Synode-Lustenau von 1435 eine Grundlage. Gemäß dieser wurden Kirchenbücher angeordnet. Die Anordnung wurde nur zögerlich von den Pfarrern durchgeführt. Auch konnte der Familienname noch wechseln, z. B. bei Wegzug oder aufgrund neuer Berufstätigkeit. Anfang des 15. Jahrhunderts waren daher Familiennamen überall im deutschen Sprachraum für jedermann anzutreffen.

Um eine Person anzusprechen und zu identifizieren, war ein Rufname bis ins 12. Jahrhundert hinreichend. Bei dem rasanten Wachstum der Bevölkerung reichte bald ein Name allein nicht mehr zur Identifikation aus. Es entwickelte sich der Trend, dem Rufnamen einen Beinamen oder Nachnamen beizufügen. Dieser wurde vielfach vom Beruf oder der Herkunft abgeleitet. Diese Art der Beinamen funktionierte nur gut, solange sich alle Beteiligten persönlich kannten; sie waren nicht geeignet, um Besitz für Generationen zu garantieren. Deshalb wurde das bereits im 12. Jahrhundert für Adelige und Patrizier vorhandene Modell Vorname plus Nachname für alle Personen übernommen.

Hofnamen oder Wohnstättennamen, wie ***Watherode,*** lassen sich einem ganz bestimmten Bauernhof oder einem bestimmten Wohnplatz zuordnen. Deshalb wurde ursprünglich ein deutscher Familienname oft von einem Ort oder Flurnamen als Herkunftsbezeichnung, Toponym abgeleitet. Der Wohnplatz kann zum Beispiel die Form des Geländes, z. B. im flachen Gelände, am Berg, oder auch ein Berufsname sein. Mit der Übernahme als Eigentümer oder Pächter war der frühere Familienname nicht mehr gebräuchlich, der neue Wohnsitz wurde Familienname. Die Herkunftsnamen geben daher den ursprünglichen langfristigen Wohnort einer Person oder einer Familie an. Zu Frühformen gehören Bezeichnungen wie „Walther von der Vogelweide“. Sie stammen aus der Zeit der Einnamigkeit und fixieren sich zu Familiennamen. Aus diesem Typus leitet sich das spätere Adelsprädikat „von“ ab. Benutzten ursprünglich Adelige das **„von“** mit der Ortsbezeichnung, wurde dieses später durch **„v.“** zur Abgrenzung von anderen Personen ersetzt, weil eine Zeit mit starker Binnenwanderung vorlag und die Landbevölkerung in die auflebenden Städte zog. Administrative Gründe führten zum Verlust des Beinamens und zu festen Nachnamen, wie Hartmanus „von ***Vatterode***“; hier bedeutet das „von“ dem Sinn nach aus ***Vatterode***. Der Familienname verliert später oft das **„von“** oder **„v.“**.

Bis zum Ende des 18. Jahrhunderts richtete sich der Familienname eines Kindes, auch eines unehelichen Nachfahren, nach dem Familiennamen des Vaters. War dieser Familienname unbekannt, bekam das Kind den Familiennamen der Mutter. Ab 1800 erhielten uneheliche Kinder den Familiennamen der Mutter.

Bis 1800 waren Wandel des Familiennamens durch geänderte Schreibweisen, Umformung, Kürzung, Erweiterung oder auch Ersatz mittels eines völlig anderen Namens keine Seltenheit; solche Änderungen kommen bis in die Gegenwart vor. Zwar gab es im 16. Jahrhundert bereits feste Familiennamen, doch nicht so festgeschrieben wie in unserem heutigen Sinne. In den einzelnen deutschen Sprachräumen gibt es vielfältige Schreibvarianten von Familiennamen und oft auch mehrere Lautvarianten nebeneinander. Bis ins 19. Jahrhundert hinein gab es eine traditionell gefestigte, aber nur in begrenztem Umfang überregionale Rechtschreibung. Es gab zum Teil jedoch noch nicht einmal eine lokale Regelung der Schreibweise. Bei der schriftlichen Fixierung der Familiennamen vom jeweiligen Schreiber wurden die in den einzelnen Sprachräumen gebräuchlichen, im gesamten deutschen Sprachgebiet aufgrund der mundartlichen und umgangssprachlichen Verhältnisse sehr vielfältigen Lautvarianten aufgezeichnet. So sind bei der Wiedergabe bestimmter Laute und Lautverbindungen Unterschiede in der Schreibweise des Namens nachzuweisen. Willkürliche Namensänderungen sind in Sachsen durch Gesetz 1662 verboten worden.

1875 wurden die Standesämter eingeführt und die Namen festgeschrieben, was fahrlässige oder eigenmächtige Übertragungsfehler aber nicht ausschloss. Seit dem 5. Januar 1938 ist die Änderung des Namens durch das „Gesetz über die Änderung von Familiennamen und Vornamen“ wegen eines wichtigen Grundes wieder möglich.

2. Zum Namen „**Vatterode**“

Nach dem Ort ***Watterode*** in der Grafschaft Mansfeld hatte sich ein altes Adelsgeschlecht, die Familie „**von Walterode**“ in „**von Watterodt**“ umbenannt. Der Name **Walterode** konnte nur für einen Flurnamen im 782 erstmals erwähnten Allendorf, dem heutigen Stadtallendorf mit Amt Lauterbach in Hessen ermittelt werden. Dort gibt es eine Flur namens ***Walterode,*** nach mündlicher Überlieferung eine Wüstung. Eine ursprünglich in ***Walterode*** ansässige Familie **von Walterode** hat sich nach ihrem Umzug nach dem Ort ***Vatterode*** in der Grafschaft Mansfeld umbenannt. Der Name **„von Watterodt“** ist damit ein Herkunftsname und stammt aus den Anfängen der Namensgebung für durch Abstammung gehörige Adelige. Deshalb sind zu Beginn des Mittelalters zur Ausbreitung dieses Namens die ähnlichen Ortsnamen auszuwerten.

Der Ortsname ***Vatterode*** kommt in Deutschland dreimal vor, je einmal im Mansfelder Land, im Untereichsfeld und im Obereichsfeld. Diese Orte sind in ihrer Geschichte in ähnlichen, aber auch früher sprachlich verwandten Schreibweisen erwähnt. Ferner wurden zu Ortsnamen Beziehungen von Familiennamen zur besseren Identifikation von Personen hergestellt. Auch ergibt sich im frühen Mittelalter die Beziehung zwischen dem Personennamen **Vatterode** und den Orten Steina, Branderode sowie Mauderode.

2.1 Zum Ortsnamen ***„Vatterode"*** im Mansfelder Land

747 hat es auf der Heidenkoppe, heutzutage Heidkoppe genannt, kriegerische Auseinandersetzungen gegeben. Eine kleine versteckte Wald- oder Rodungssiedlung, ***Fadesresrod, Vaddaroth*** oder ***Waddroth*** befand sich in dieser Zeit im Tal unterhalb der Heidkoppe und besaß damals eine kleine Kapelle an der Stelle der heutigen Kirche in ***Vatterode***. Am 22. Oktober 973 wurde das Dorf ***Faderesrod*** oder ***Fateresrod*** erstmals nachweislich in einer ortsnamenreichen Tauschurkunde zwischen Erzbischof Adalbert vom Erzstift von Magdeburg und Abt Werinhar vom Kloster Fulda erwähnt, als ***Vatterode*** an das junge Erzstift Magdeburg kam. Es handelt sich bei ***Fadesresrod*** um in den Chartularia Fuldas enthaltenen Schenkungen in der Zeit der beiden ersten Jahrhunderte des Klosters, d. h. im 8. und 9. Jahrhundert. Der Name ***Vatterode*** stammt gemäß Überlieferung von einer Rodungssiedlung, die 953 anlässlich eines Gebietsaustausches zwischen Kaiser Otto II. und dem Erzbischof von Fulda erstmalig als ***„Fadesresrod"*** oder ***„Vaddaroth"*** an Stelle des heutigen ***„Vatterode"*** erwähnt wurde.

Für die Orte mit dem Namen **„Vatterode"** sind folgende Schreibweisen urkundlich dokumentiert: ***Faderode, Faderodt, Faderoth, Fadesresrod, Fateresrod, Fateroda, Vaddaroth, Vadderode, Vadderoth, Vaderode, Vaterode, Vaterodt, Vatherode, Vattenroda, Vatterode, Waddanroth, Wadderod, Wadderode, Wadderodt, Wadderot, Wadderoth, Wadderuoth, Waddroth, Walterode, Wandunruoth, Warderode, Wardirode, Watherode, Watterod, Watterode, Watterodt und Watteroth.***

2.2 Die Herkunft des Ortsnamens **Vatterode**

Der Namen ***Vatterode*** stammt vom Ort ***Vatterode*** im Mansfelder Land. Der Ortsname ist ein Kompositum, eine Zusammensetzung und besteht aus einem Bestimmungswort ***Vatte-*** und aus einem Grundwort ***-rode***. Sowohl für das Bestimmungswort als auch für das Grundwort gibt es verschiedene Erklärungsmöglichkeiten. Varianten für das Bestimmungswort ***fade-*** sind:

1. abgeleitet aus Althochdeutsch fatar, Mittelhochdeutsch vater, Altsächsisch fadar oder aus einem altsächsischen Rufnamen ***fader*** = vater oder von drei Gevattern,

2. vom Familiennamen Fader vom Stamme ***Fad***, gotisch ***faths*** = Mann oder ein Vorname, gegründet auf den Familiennamen Fadher,

3. vom englischen oder altdeutschen Wort ***Vat*** für das Erzeugnis ***„Fass"*** eines Fassmachers.

Im Rahmen der Christianisierung, wurden in der Regel bestehende Namen im christlichen Sinne umgedeutet, ***fader*** = **vater**, Gott unser Vater im geistlichen Sinne.

Das Grundwort ***-rode*** entwickelte sich:

1. aus dem alt- oder mittelhochdeutschen Wort „***rode***", die Waldrodung
oder
2. alternativ könnte die Endung *–rode* anfangs in der Form Ahd. Ro(O)t, Niederdeutsch Rot als Nominativ erscheinen. Später folgt im Dativ Singular die Form ***rode*** = alternativ „zu der Rodung".

Aus der Endsilbe eines Ortsnamens lässt sich oft der Entstehungszeitpunkt des Ortes ableiten. Der Ort Vatterode wurde 953 mit ***Fadesresrod*** oder ***Vaddaroth*** erstmalig in einer Tauschurkunde erwähnt. 747 muss es dort aber bereits eine versteckte Waldsiedlung, genannt ***Fateresrod, Waddroth*** oder ähnlich, gegeben haben. Wie man sieht, bestand der Ortsname in etlichen Variationen jeweils aus dem Bestimmungswort ***„Fade"*** und dem Grundwort ***„rod"***. Letzteres kennzeichnet den Ort als Rodungssiedlung. Somit wurde der Ortsname „***Vatterode"*** abgeleitet von:

„Fader", dem Vater, oder ***„Vat",*** dem Fassmacher, der seine Bäume (rodete) ***„rode"***.

2.3 Zum Familiennamen **„von Vatterode"** im Mansfelder Land

1206, am 22. Juni, verkauft Graf Burchard von Scharzfeld dem Kloster Reifenstein Güter zu Birkungen und das Patronat über die Kirche daselbst; Zeuge ist Johannes aus ***Wardirode, Warderode***.

Erstmalig wurde 1252 der lebende Junker Hans **von Vatterode** genannt: „Er gehörte zu einer von alters her in ***Vatterode*** ansässigen Adelsfamilie und ist des Grafen Hermanns zu Mansfeltt des III. Rat gewesen und wurde in großen und wichtigen Sachen gebraucht vom Burggrafen Burckharten von Magdeburg, Edlen Herrn zu Quernfurtt und dessen Brüdern." Dem Junker Hans **von Vatterode** wurde 1256 anlässlich einer besonderen Schenkung an das Kloster Rodardesdorf besonders gedacht. Rodardesdorf ist ein Ort wie ***Vatterode*** im Mansfelder Land. Das Kloster Rodardesdorf war damals ein Zisterzienserinnenkloster. Dessen Äbtissin G. von Hackeborn ist 1232 auf Burg Helfta geboren und stammt aus einem angesehenen Freiherrengeschlecht.

Nach dem Abgang der **von Vatterode** 1311 bekamen deren IX. Lehen die Junker Gebrüder Ludwig und Goswin von Hohnstein in der Grafschaft Hohnstein von Graf Burckhardt von Magdeburg.

1520 besaß Johann **von Watterode** ein Rittergut in ***Watterode***. Zur Adelsfamilie gehörten zwischen 1311 und 1499 auch Friedrich und Heinrich **von Watterode**. Somit konnten nur diese beiden Namenszweige der Familie **von Vatterode** 1311 umgesiedelt sein.

1523 wurde ein Bauersknecht zwischen Gräfenstuhl und dem benachbarten ***Vatterode*** im Mansfelder Land erschlagen. Der Täter ist bis heute nie amtlich ermittelt worden. Jedoch wurde 1738 beim Abriss des Altars der Kirche in Steina ein Ablassbrief gefunden: „Das Katharinen-Holz wurde von den Herren **von Watterodt** als Kirchenbuße mit einem Ablass für die Sünde des Totschlags übereignet. Dieser Totschlag erfolgte im Streit mit einem Rivalen um die Person Katharina. Anm.: Die Schuld sollte durch die Schenkung an die Kirche gelöscht werden. Kirchenstrafe 6. Gebot siehe 2. Mose Capitel 20.“ Das Katharinen-Holz beträgt 14.250 qm. Die Bevölkerung glaubte an ein Geschenk wegen einer Hochzeit mit einer Frau Katharina. Ihr Name blieb an dem Waldstück für alle Zeiten haften. 1525 wurde in Steina ein aus dem Kloster Walkenried ausgetretener Mönch evangelischer Pfarrer. Für diesen gab es keinen Ablass, so dass der Ablass unmittelbar nach dem Totschlag gewährt sein musste.

1525 begann Martin Luther in Wittenberg die Reformation wegen Missbrauchs der biblischen Grundlagen u. a. wegen des Ablasshandels. Hinter ihm und seinen Thesen standen Fürsten und Städte. Sie setzten seine Forderungen in ihren Herrschaftsgebieten um und entzogen sich damit der Macht des Kaisers und des Papstes. Ferner wütete im Mansfelder Land der Bauernaufstand gegen den Adel und Klerus. Sie waren in der Grafschaft Mansfeld den aufständischen Bauern zu Beginn unterlegen. Klöster wurden geplündert und ein Teil von ihnen völlig zerstört sowie Schriftstücke vernichtet, die die Abhängigkeit der Bauern von der Obrigkeit dokumentierten. Der Übermacht der Bauern unterwarfen sich die Grafen von Schwarzburg und Stolberg. Mit dem Bauernaufstand endete die urkundliche Erwähnung derer **von Vatterott** aus ***Vatterode*** im Mansfelder Land.

Laut den Unterlagen zur Gemeinde ***Vatterode*** im Mansfelder Land gibt es von 1523 bis 2006 keinen Hinweis auf einen Familiennamen **Vatterott.**

2.4 Zum Familiennamen **„von Vatterode“** in der Umgebung von Steina

1311 hatten die **von Vatterott** das IX. Lehen des Grafen Burckhardt von Magdeburg in der Grafschaft Hohenstein dem Grafen von Hohnstein abgegeben und haben von diesem dafür Lehen in den 1268 erstmalig erwähnten Steina erhalten. Die Adelsfamilie **von Watterodt** übernahm in zwei Vetternlinien, ab 1311 als Junker **zu Branderode** mit Friedrich sowie ab 1543 mit Christoffel sowie Jörge und Junker **zu Mauderode** mit Heinrich sowie danach ab 1580 mit Johann etliche Besitzungen in Steina und Umgebung. Die Herren **von Watterodt** beglaubigten mit Ihrem Stempelsiegel als Insigne Urkunden und verliehen somit einem Dokument Rechtskraft. Das Insigne zeigte beim Adel die Herkunft, Macht und Autorität des Beglaubigenden. Die Güter sind Lehen derer von Hohenstein oder Erbe aus der Angelhakensippe.

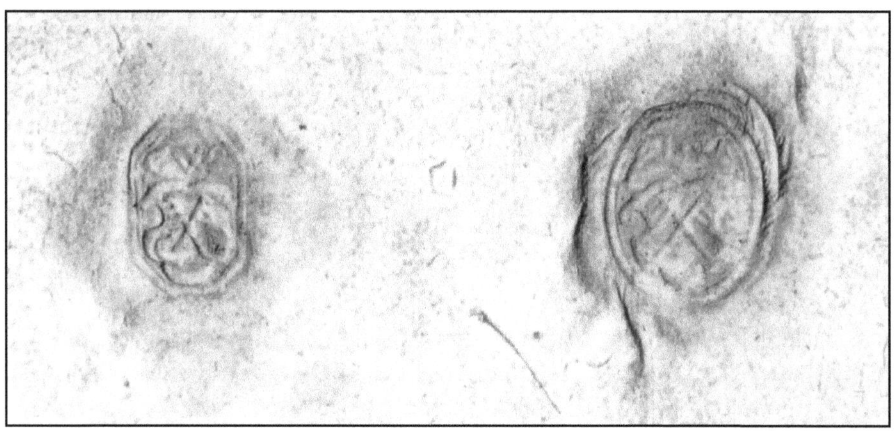

Abbildung 5: Wappen der Vettern Christoffel und Jörge **von Watterode**

Grafschaft Hohnstein:

- Herrschaft Clettenberg, Sachsa (Bad Sachsa), Vorwerk Nixey (Nuexei), ..., Branderode, ..., Limnigerode (Limlingerode), Makenrode (Mackenrode), Klettenberg, ..., Bischofrode, ..., Salza, ..., Maunderode (Mauderode)
- Mühlen ...
- Herrschaft Lohra/Amt Dietenborn Klein Bodungen (Kleinbodungen), Buhla, Ascherode, ..., Bleicherode, Lohra (Münchlohra), Haynrode (Hainrode/Hainleite)
- Berge:

-- Herzogthum Gruben Hagen, Steina,

...

-- Fürstenthum Anhalt, ..., Gernrode

- Mühle,

.....

-- Nordhausen, Nordhausen

......

-- Eichsfeld, Dihna (Deuna), ..., Ursel (Niederorschel), Hypstedt, Bernterode, Breiten Worbis (Breitenworbis), ..., Bockelhagen (Bockelnhagen), ..., Kl. Gerode (Geroda), Bischofsrode) Bischofferode)
-- Amt Gros Bodungen, ..., Gr. Bodungen (Großbodungen), Neustadt, ...,
-- Amt Walkenried, ..., Walkenried, ...

Ein weiteres Insigne ist das Wappen der **von Watterodt**s. Wappen sind im Mittelalter um 1130 zur Kennzeichnung der in ihren Rüstungen unkenntlichen Ritter entstanden. Familienwappen besaßen rechtliche Bedeutung als Symbol des Standes, der Rechtsansprüche ihrer Träger und wurden zu einem unverzichtbaren Bestandteil der herrschaftlichen Repräsentation.

Abbildung 6: Wappen der Familie **v. Watterode** aus ***Vatterode*** im Mansfelder Land. Das Wappen enthält ein Schild mit zwei gekreuzten silbernen Angelhaken auf rotem Grund, einen Helm und eine Helmkrone samt Helmzier. Letztere weist eine Schildfigur und einen dreiteiligen Federstutz in frontaler Darstellung zentral zur Schildfigur auf. Die Helm- oder Königskrone hat fünf Zacken. Sie musste besonders verliehen werden und kennzeichnet seit dem 13. Jahrhundert den Adelsstand.

Abbildung 7: Ein am 19. April 1844 in der Steinaer Kirche aufgefundenes Wappen derer **von Watterode.** Dieses Wappen ist im 14. Jahrhundert erstellt und nicht fachgerecht restauriert worden. Ein kleineres Format dieses ursprünglichen Wappens befand sich im Besitz der Eigentümer des Hauses am Kirchplatz 5, Steina. Dieses Wappen konnte der Autor Karl Heinz **Vatterott** 2007 eingeschlagen in einem Buch ansehen. Das Wappen der Herren **von Watterodt** war aus einem Stoff herausgeschnitten, weitgehend zerfleddert und für nicht mehr restaurationsfähig gehalten. In der Helmzier waren noch Augen in verschlissenen Pfauenfedern zu erkennen. Es soll noch ein gleiches zweites, bis heute nicht mehr auffindbares textiles Wappen gegeben haben.

Das Wappen derer **von Watterode** ist gemäß den Abmessungen des Schildes, des Helms, der Königskrone und der Helmzier im 12. bzw. 13. Jahrhundert entstanden. Die

Zeichen der Wappen wurden im 14. Jahrhundert zum erblichen Familienzeichen vom ältesten Sohn übernommen. Anhand der drei Balken des Wappens haben zumindest vier Generationen vor Erstellung des Wappens bestanden. Ein älteres **von Vatterode** zugeordnetes Wappen – vgl. Bild 6 - wurde 1984 publiziert. Demzufolge hat die Familie **von Watterode** bereits im 12. Jahrhundert ihr vererbliches Wappen geführt. Beide Wappen enthalten ein Schild mit rotem Grund und zwei silbernen, im neueren stilisierten goldenen Angelhaken. Ein Bügelhelm und eine fünfzackige Helmkrone samt Helmzier befinden sich auf dem Schild. Ferner ist eine Helmecke bei beiden Wappen vorhanden. Beim 1844 aufgefundenen Wappen liegt um den Hals eine Kette mit Brosche.

Die Insignien des Wappens derer **v. Watterodt** bedeuten:

- Die Schildfarbe Rot: Recht, Stärke, Tapferkeit, Würde und Liebe.
- Die Farbe Gold der Angelhaken: Herrlichkeit, Ansehen, Hoheit, Würde, Reichtum.
- Die Angelhaken: Fischreiche Gewässer mit Fischereiprivilegien und die Zugehörigkeit zur Angelhakensippe.
- Die fünfzackige Helmkrone ist die Königskrone und musste seit dem 13.Jahrhundert als Kennzeichen für den Adelsstand besonders verliehen werden.
- Die Pfauenfedern: Reichtum, Königlichkeit, Stolz, Liebe und Leidenschaft.

Die Mitglieder der Angelhakensippe, wie derer **v. Watterodt**, v. Minnigerode, v. Riemen und v. Salza, sind braunschweigische Lehnsleute gewesen und hatten Pfauenfedern in ihrer Helmzier. Der Welfe Otto IV. von Braunschweig hatte 1266 zum ersten Male urkundlich die Allerburg erwähnt, die sich 1312 in den Händen der Grafen von Hohenstein befand. Auf Grundlage dieser Wappen hat ein Wappenmaler der Hohenzollern jenes auf dem Buchdeckel dieses Werkes abgebildete Wappen derer **von Watterode** geschaffen.

1492 verwalteten die **von Watterodt**s in den zwei Vettern-Linien die Besitzungen gemeinsam, hatten jeweils einen eigenen Schulzen, stimmten sich schriftlich miteinander ab und sind 1499 als Gerichtsherren für die niedere Gerichtsbarkeit über den Ort und die Feldmark Steina als Erbherren mit ihrem Junkerland als Ritter und Patronatsherren mit allen Rechten und Pflichten, wie Salarium sowie Ritterdienst erwähnt. Die eine Linie hatte ihren Sitz in Mauderode und starb 1632 aus, die andere in Branderode. Im Junkerdorf Steina hatten die Einwohner in Sterbefällen das **Mortuarium** als fällige Naturalabgabe an den Grundherrn zu erfüllen; z. B. hatten sie das beste Gewand oder das beste Stück Vieh an ihn abzugeben. Die **von Watterodt**'s stifteten als Patronatsherren auch die Steinaer Kirche.

1323 – 1499 Edelherr der Wüstung ***Watterodt***, war N. N. **von Watterodt** (der Knappe). 1324 ist einer der Zeugen Henricus **Watterod**, Knappe. 1324 war Edelherr der Wüstung ***Watterodt*** Heinrich **von Watterodt,** der Knappe. 1471 Edelherr der Wüstung ***Watterodt*** war Friedrich3* **von Watterodt** (der vorige). 1499 Edelherren der Wüstung ***Watterodt*** waren Heinrich2* und Friedrich2* (der Bruder von Heinrich) **von Watterodt** (der Knappe). * Die Zahl nach dem Vornamen gibt die jeweilige Generation des Namens an.

Abbildung 8: Katharinen-Kirche, Steina 2008; hinter der Kirche befindet sich das Anwesen mit davor liegendem Park der Herren **v. Watterodt**.

1520 gab es mit Heinrich **zu Mauderode**, Friedrich **zu Branderode** und Johann **zu Vatterode** drei Vetternlinien des Adelsgeschlechtes **von Watterodt.**

1549 ist eine Grubenhagensche und vom Herzog zu Braunschweig-Lüneburg ausgesprochene Belehnung der Herren **von Watterodt** belegt. Das Herzogtum verband ab 1774 eine Personalunion mit dem Königreich Großbritannien.

1593 war Johann **von Watterodt zu Mauderode** Sargträger des am „8. Julij im 31 Jar, in der neunzehnden Wochen und einem Tage verstorbenen Ernst VII. von Hohenstein. Dieser ist wolgeborener und Edler Herr G: Ernst des Namens der 7. und des Geschlechts der Letzte G*: Volckmar Wolffs Sohn, G: zu Hohnstein, Herr zu Lhar und Klettenberg, Administrator zu Walckenrieth, daselbst im Closter verstorben." Mit dem Tod von Ernst VII., dem letzten des männlichen Stammes der Grafen von Hohenstein ging 1593 deren Herrschaft zu Ende. Weil er der letzte seines Geschlechts war, wurde das Wappen, der Siegelring und das Schwert mit ihm begraben Die Grafschaft Hohenstein kam unter das Herzogtum Braunschweig. Das Eigentum ging an die Welfen. * G = Graf

1590 – 1610 wurde das Haus derer **von Watterodt** in Steina gebaut, der vorherige Amtssitz war Branderode, - Abb. 2 -. Bis zum Tode von Hans Heinrich **von Watterodt** 1659 war der heute noch bestehende Edelhof in Steina, der Wohnsitz des Letzten **von Watterodt**.

1613 setzen „von Gottes gnaden Wier Friedrich Ulrich Herzog zu Braunschweig und Lüneburgk“ nach dem Tode von Herzog Heinrich Julius am 20. Juli 1613 die **von Watterodt** weiter als Grundherrn ein. John **von Watterodt zu Mauderoda** Sohn des verstorbenen Christof erbt auch das Erbe von Hans Heinrich **von Watterodt,** falls dieser nach seinem Tode keine männlichen Erben hat. Die **von Watterodt** hatten folgende Güter als Lehen oder Besitz:

1. Das Gut Weiningen
2. Bischoferode mit den alten Rechten
3. Die Vogtei über Gratzungen
4. Die drei Höfe und drei Hufen Landes zu Wittigerode
5. Ahrensberg von dem Steige an, der wieder dem Wesnbach gehet, hinwieder biß an dem verhauenen Weg, dem Knull zwischen dem großen Uhlental
6. Eine halbe Hufe Landes in der Beris (Barbis) benalden Lutterberkg (bei Lauterberg).
7. Aue, Bartolfelde, Bleicherode, Branderode, Epschenrode, Holbach, Immenrode, Liebenrode, Limnlingerode, Mauderode, Osterhagen, Poppenrode, Pützlingen, in der Sachse, Scharzfeld, Steina, Tettenborn, Vorspringe und Fischteich Netzebach.

1620 Vinzens **von Watterode** ist vom Fürsten Grubenhagen mit dem im Dorfe Holbach befindlichen Meierhof mit Zubehör beliehen worden und hatte mit dem Amtmann zu Clettenberg Differenzen.

Von 1618 bis 1648 tobte der 30-jährige Krieg mit unglaublicher Grausamkeit, zu Beginn ein Religionskrieg um den rechten Glauben mit der reinen Lehre, insbesondere um das Seelenheil. In diesem Krieg entlud sich auf Reichsebene der Gegensatz zwischen dem Kaiser mit der Katholischen Liga auf der einen Seite gegen die Protestantische Union auf der anderen Seite. Am Ende war es ein Territorialkrieg um die Macht der Dynastien. Ein Feldherr konnte den Soldaten freien Lauf lassen beim Foltern, Morden, Plündern, Vergewaltigen, Häuser Niederbrennen. Mit der erzielten Kriegsbeute sicherten die oft unterversorgten, hungernden Soldaten ihr Überleben. Ihre Disziplin musste aufrechterhalten werden, denn der Übergang zum marodierenden Soldaten war nicht weit. Etwa 40 % der Bevölkerung haben in diesem Krieg ihr Leben verloren.

1632 John **von Watterodt zu Mauderode,** geboren am 5. Dez. 1599, Ehrenbürger von Nordhausen, war ab 1606 Halbweise. Er diente als Ritter im protestantischen Heer der Welfen und geriet auf „kaiserlicher freier Straße“, im katholischen Bereich, in Gefangenschaft; er wurde tordiert, geschwefelt, gesalzen und u. a. für einen 1523 begangenen Todschlag eines Bauernknechtes und Erschießen eines Bauern 1632 angeklagt und zum Tode verurteilt. John starb vor seinem Großvater Joh(a)n am 12. Dez. 1632.

1635 „Die Ritterschaft in dem Fürstentumb von Grubenhagen (in der erstellten Urchronik) sind:

„Die von

Minnigeroda zu Woldershausen
Leuthorst zu Dorstadt,
Wobersnow zu Wellersen, itzo die von Dassel
Watterode zu Steina, *(Linie ausgestorben 1659, in einer 1750 ergänzten Ausführung gestrichen, dafür ist Hardenberg zu Lindau angegeben)*
Berckefeldt zu Hörden und vor Osteroda,
Hagen zu Rüdigershagen,
Cludy zu Elbingeroda,
Hedeman zu Dorste.“

Am 16. März 1659 ist mit Hans Heinrich **von Watterodt zu Branderode und Steina** der letzte seines Stammes im Alter von 86 Jahren verstorben und wurde in Sachsa begraben. Er hatte mit Maria Miezefall zwei Söhne, die bei seinem Tode bereits verstorben waren. Mit seinem Tode fiel das Eigentum der Familien **von Watterode** an die auch zur Angelhakensippe gehörenden von Minnigerode zu Wollershausen.

1650 erwarb Otto, Fürstlich Braunschweig-cellischer Geheim- und Kriegsrat sowie Abgesandter zum Reichstag in Regensburg den Adelstitel „Otto von Mauderode“, von dessen Geschlecht viele im preußischen Heere dienten.

2.5 Zum Ortsnamen ***„Vatterode“,*** eine heutige Wüstung am Rande des Untereichsfeldes

In Magdeburg hatte Otto der Große den Zentralort seiner Herrschaft errichtet und regierte mit der Leitidee für das Heilige Reich. Er gründete das Erzbistum Magdeburg. Sowohl Otto II. (973 - 983) als auch Heinrich II. (1002 - 1024) hielten sich oft zu Weihnachten in Pöhlde auf. Mit Heinrich III. endeten 1059 die Herrscheraufenthalte in Pöhlde und dessen Bedeutung als Regierungsort.

Die Erzbischöfe von Magdeburg übten in ***Vatterode*** die Jagd aus. Dem Magdeburger Erzbischof Gisiler aus ***Vatterode***, Mansfelder Land, folgten Tagino, 1023 bis 1033, der in ***Vadderoth*** verstorbene Gero, der dort 1051 verstorbene Hunfried und der dort 1102 ebenfalls verstorbene Bischof Hartwig. Sie übergaben ihre Besitzungen mit dem Hof Gisilers den Grafen von Mansfeld.

952 stiftet König Otto I. von Magdeburg mit Zustimmung von Erzbischof Hatto von Mainz das Kloster Pöhlde und bestätigt den Besitzstand und die Einkünfte des Klosters in Eichsfeldischen Orten, wie ***Watterodt***. Dieser Ort, auch **Waddanroth,** ***super Wadderuoth, Wandunruot, Wadderodt, Wadderot,*** oder ***Wadderode*** bezeichnet, ist ein Bauern- oder Meierhof. Seine Verwalter waren die Edelherren der Familie **von Watterodt** aus ***Vatterode*** im Mansfelder Land. Deren Name ist einmalig. Demzufolge gibt es den Ortsnamen und den Familiennamen **„von Vatterode“** zumindest nachweislich seit 952.

1055 wurde die Wüstung ***Waderuoth*** bei Rhumspringe im Kreis Duderstadt erwähnt. Sie befindet sich zwischen Rhume und Rotenberg sowie bei Wollershausen, als Meierhof bei Lütgenhausen und Rüdershausen. Diese Lage wurde auch mittels vieler kleiner 158X* in der Grafschaft Lauterberg von Hand gezeichneter, nicht genordeter Skizzen ermittelt – vgl. 1. Auflage, Seite 184. Sie zeigen die Landschaften mit den benachbarten Orten, die Rhumequelle, Straßen, Gräben, Wälder und Sträucher; sie wurden korrekt zu einer Landkarte zusammengefügt und mit heutigen Landkarten verglichen.
* X ist eine Jahreszahl von 0 bis 9.

1323 – 1499 werden die Knappen Friedrich **zu Branderode** und Heinrich **zu Mauderode** als Edelherren zur Verwaltung der Wüstung **„*Vatterode*"** angegeben -vgl.**2.3**-.

2.6 Zum Ortsnamen **„*Vatterode*"** im Obereichsfeld.

1331, 4. August, wird in einem Kaufvertrag angegeben, dass die Witwe Gertrude des Hartmann von ***Vatherode*** Güter zwischen Dietzenrode und ***Vatterode*** erworben hat**.** Der Name Hartmann genannt von ***Vatherode*** gibt hier nicht einen Adeligen, sondern den Hartmann aus ***Vatherode*** an. 1338 ist ***Vatterode*** als Dorf zwischen Lenterode und Dietzenrode nachweisbar.

1347 hat die Stadt Allendorf einen zu ***Vatterode*** vorhandenen Hof von der Äbtissin Adelheid des Katharinen-klosters zu Eisenach gekauft. Der Hof wurde von Nonnen, Klosterknechten und Mägden bewohnt und ist daher als Filiation des Katharinenklosters Eisenach zu bezeichnen.

1555 bis1585 erfolgte die Seelsorge in ***Vatterode*** von Allendorf/Werra aus, danach bis 1945 durch das eigene Vikariat von Allendorf/Werra. In den aus diesen Jahren vorhandenen Kirchenbüchern ist der Familienname **Vatterott** nicht zu finden.

Der in ***Vatterode*** bis 1347 von Nonnen, Klosterknechten und Mägden bewohnte Hof sollte offensichtlich als Basis für eine Klostergründung dienen. Normalerweise nahmen vier bis sieben Nonnen diese vor und Zisterziensermönche leiteten die Seelsorge. Das Streben der Klöster nach abgerundetem Landbesitz zur Gewinnerzielung einerseits sowie eine mangelnde Expansionsmöglichkeit im engen Tal um ***Vatterode*** andererseits hat 1347 zum Verkauf des Hofes an die Stadt Allendorf geführt.

Die 1256 erfolgte Schenkung an das Zisterzienser Kloster Rodardesdorf, die Nachbarschaft der Zisterzienser von ***Vatterode*** im Mansfelder Land und die Ausweitung der Macht erwecken den Eindruck, die Filiation in ***Vatterode*** im Obereichsfeld sei von den Herren **von Watterodt** gestiftet worden. Diese beabsichtigten damit, einen Beitrag zur Kultur des Mittelalters und zu ihrem Seelenheil zu leisten. Jedoch wurde dieser Wunsch nicht erfüllt.

2.7 Schreibweisen des adeligen Familiennamens **Vatterode**

Urkundlich nachgewiesene Schreibweisen des adeligen Familiennamens **Vatterode: von Vatterode, von Vatterodt, von Wadderod, Wadderodt, von Wadteroda, von Walterode, von Wanderoda, Waterrod, Watterod, von Watteroda, Watterode, von Watteroden, von Watterodt, von Watterot, von Watteroth, von Watterott und von Wattrode.**

3. Zum bürgerlichen Namen **Vatterode**

Um eine Person anzusprechen und zu identifizieren, war ein Rufname bis ins 12. Jahrhundert hinreichend. Bei dem rasanten Städtewachstum erreichte die Bevölkerung bald eine so hohe Dichte, dass ein einzelner Name allein nicht mehr zur Identifikation ausreichte. Dennoch mussten die Bewohner eindeutig anzusprechen sein.

Analog zum Adel wurde der vererbliche Familienname für die gesamte Bevölkerung eingeführt. Für durchgängige Familiennamen bildete die Konstanzer Synode-Lustenau von 1435 eine Grundlage. Gemäß dieser wurden Kirchenbücher angeordnet. Die Anordnung wurde nur zögerlich von den Pfarrern durchgeführt. Mit dem Konzil von Trient - 1545 bis 1563 - wurde die Einführung der Kirchenbücher noch einmal ausdrücklich in Erinnerung gerufen. Aufgrund der Reformation 1517, dem Wechsel der Glaubensoberen mit unterschiedlichen Zugehörigkeiten zur katholischen oder protestantischen Kirche wegen Reformation und Gegenreformation und infolge des 30-jährigen Krieges, in dem die Städte angesichts ihrer mächtigen Mauern von außen kaum einnehmbar waren, gibt es erst ab 1648 flächendeckend Urkunden für christliche Glaubensangehörige. Bäuerliche Gegenden kamen ohne einen festen Familiennamen bis ins 18., in Friesland bis ins 19. Jahrhundert aus.

Den Frieden des 30-Jährigen Krieges brachte 1648 das Gesetz „cuius regio, eius religio“, „wessen Land, dessen Religion“. Dieses Gesetz wurde schon im Augsburger Religionsfrieden 1555 anerkannt. Das Eichsfeld gehörte zu Mainz und die Bevölkerung hatte somit katholisch zu sein. Nur einzelne Gutshöfe waren protestantisch. Umgeben von einem protestantischen Meer bildet das Eichsfeld eine katholische Insel mit protestantischen Seen. Demzufolge hatten die **Vatterode**'s außerhalb des Eichsfeldes in der Regel protestantisch zu sein.

Die Verbreitung der Bewohner der Angelhakensippe erfolgte im Mittelalter von Nord nach Süd vom Mansfelder Land bis ins Obereichsfeld und von West nach Ost von Grebenstein bis ***Vatterode*** im Mansfelder Land mit der unterschiedlichen Struktur zwischen Protestanten und Katholiken.

Im Erbrecht des Adels sichert die Primogenitur den ungeteilten Fortbestand des Vermögens zu Zeiten eigener Landesherrschaft, also deren Fortdauer über das gesamte angestammte Territorium. Dadurch kommen Mitglieder der Familie **von Watterodt** ohne Landbesitz vor. Denen nutzte das **von** nicht und sie verzichteten darauf. Sie studierten oder wählten einen angesehenen Beruf. In Verbindung mit dem Familiennamen **Vatterott** gibt es Geistliche, Bader, Badstübner, Balbier, Branntweinbrenner, Brauer, Chirurgus, Feldscher, Müller und fürstliche Orgel- oder Instrumentenmacher. Viele bürgerliche „**Vatterode**'s" nutzten für ihre Vorteile offensichtlich die Nachbarschaft des Familienverbundes der Angelhakensippe.

Die Familie „**Vatterode**" hatte in Sachsen-Anhalt, Thüringen und Niedersachsen umfangreichen Besitz. Der bürgerliche Name **Faderod** wurde 1435 allgemein und für zwei Brüder **Vaderodht** 1548 in Niederorschel erstmalig erwähnt. Die **Vatterode**'s hatten in Niederorschel erheblichen Landbesitz sowie Wasserrechte für den Betrieb verschiedener Mühlen. Aufgrund der gesicherten Versorgung konnten sich dort größere Gruppen von **Vatterod**'s niederlassen, u. a. 1610 mit Curt sowie Christoph mit ihren Familien. Der Name Christoph erscheint 1650 in Weilar und 1658 in Grebenstein. Es gibt bis heute eine weitreichende Verzweigung der „**Vatterode**'s", im 19.- Jahrhundert auch in den USA.

Infolge der von den bäuerlichen Besitzern zu leistenden gutsherrlichen Dienste und Abgaben sowie der drückenden und ungerechten Erhebung der Grundsteuer blieb für den Bebauer von Ländereien kein Ertrag mehr übrig. Das hatte große Flächen Ackerland als Brache zur Folge. Für die Schaffung eines freien Bauernstandes ist bis 1848 so gut wie nichts geschehen

Die dicht angesiedelte und sesshafte Bevölkerung des Obereichsfeldes, die unter bescheidenen Lebensbedingungen zur Arbeit bereit war, zeigte nunmehr ihre Empfindlichkeit. Kaum eine Familie konnte von der Landwirtschaft leben und war auf Nebenerwerb angewiesen. Immer mehr Menschen waren ohne Arbeit und versuchten tagaus, tagein alles, um wenigstens mit ihren Familien zu überleben. Es entstand eine Massenverarmung und eine Massennotlage. Diese Situation wurde durch Missernten in den Jahren 1816, 1826, 1829, 1832, 1837, 1842 und 1846 noch verschärft. Ein gravierender Anstieg von Krankheiten, Auszehrung bis zum Tod sowie eine hohe Kindersterblichkeit waren die Folge. Nur für Schlesier hatte der König eine Unterstützung zur Linderung des Notstandes bewilligt. Die Eichsfelder wanderten zuerst in die Umgebung, auf die Rübenfelder der Magdeburger und Braunschweiger Gegend, zu Ziegeleien, Torfstechereien und Zuckerfabriken oder zum mühsamen Hausieren mit Reff und Karren. Sie nahmen die Arbeit an, die sie bekamen, z. B. Wollkämmer, Erntearbeiter, Maurer, Zimmermann, Schlachter, Tagelöhner oder Feldarbeiter und waren als fleißige, bescheidene Leute gern gesehen. Bei Beginn des Winters kehrten sie mit ihren Ersparnissen in ihre

Heimat zurück. Neben den Wanderarbeitern gab es bei offenen Grenzen auch die Auswanderer aus ihren Kleinstaaten, z. B. aus dem zum Königreich Preußen gehörenden Obereichsfeld, in andere „Länder, z. B. wie Königreich Hannover". Dadurch gibt es heute in Deutschland überall versprengte **Vatterode**'s.

Politische Gründe führten im Jahre 1848 zu einer Revolution in Europa. Sie schlug fehl. Etliche Deutsche hatten danach Angst vor möglichen Strafen in Deutschland. Für diese Menschen gab der Fehlschlag der Revolution den Anstoß zur Auswanderung.

Die Not aus sozialen, wirtschaftlichen und latent politischen Motiven führte für unzählige Menschen zum Aufbruch ins Ungewisse, z. B. als Wanderarbeiter. Es gab Hoffnung auf fruchtbare Erde und günstige Arbeits- sowie Lebensbedingungen in den USA. Für 17- bis 25-Jährige war die Ausreise wegen des Militärdienstes in Preußen verboten. Zahlreiche Menschen, insbesondere junge, die dem Militärdienst ausweichen wollten, verließen trotz hoher Strafandrohung ohne staatliche Genehmigung die Heimat. Dazu gehörten auch Angehörige der Familie „**Vatterode". Diese hatten weder eine Genehmigung für eine Ausreise, noch waren sie in den Passagierlisten der Schiffe oder in den Einreiselisten der USA zu finden. Da selbst legale Auswanderer menschenunwürdig befördert wurden, ist kaum vorstellbar, unter welchen Bedingungen blinde Passagiere mit dem Schiff in die USA gelangten.

Viele der Auswanderer unter den **Vatterode**'s aus dem Eichsfeld und aus Weilar standen auf der untersten sozialen Stufe. Es haben nur wenige, wie die Nachkommen von Heinrich **Vatterott**, geb. 1852 in Niederorschel, und derer von **Wetteroth** aus Weilar - Seite 29 -, den Aufstieg zu einem normalen Leben schaffen können. Deren Nachfolger waren Unternehmertypen, wie es sie in Aufbaujahren häufig gibt. Durch ihren Fleiß, ihre Ausdauer und ihren Wagemut entstanden viele Unternehmen im In- und Ausland.

3.1 Ausgewählte Persönlichkeiten der Familie **Vatterode**

Heinrich Joseph **Watteroth (**1757 -1819) - vgl. Seite 29 - war Professor für Rechtsgeschichte an der Universität Wien. Das Lehrfach musste er 1789 wegen antikatholischer Gesinnung auf Antrag des Kardinals Migazzi abgeben und wurde Professor für politische Wissenschaften und Gesetzeskunde. Er hatte Zutritt zu sämtlichen Archiven und Registraturen von Zentralstellen, Landesbehörden sowie Länderstellen; er publizierte viele Bücher unter seinem Namen und unter dem Alias Joseph Kreutzenstein. In Vorahnung einer drohenden Säkularisierung gab er zahlreiche staatsrechtliche Hinweise zur Handhabung der Kloster- und Kirchenpfründe. Sein Ehrenbürgerrecht von Wien bewirkten 1810 Kaiser Josef II. und Leopold II.

Ignaz **Watterott (**1869 – 1922) war Provinzial der Oblati Mariae Immaculatae, einer Kongregation der Missionare der Oblaten der Makellosen Jungfrau Maria der deutschen

Provinz Roermund in Holland. Er erhielt 1914 für die ritterliche Pflichterfüllung und Zurückhaltung eines preußischen Soldaten das Eiserne Kreuz am weißen Bande. Es war eine nicht im Kampf mit den Feinden erhaltene deutsche Kriegsauszeichnung. Er schrieb zahlreiche Bücher, die u. a. 2018 zur Seligsprechung der Ordensschwester Clara Fey geführt haben.

Franz **Vaterrodt** (1890 – 1969) war 1941-1944 Wehrmachtskommandant in Straßburg Er übergab am 23.11.1944 als Generalleutnant und Kampfkommandant mit 626 deutschen Soldaten ohne militärischen Feinddruck Straßburg an die Franzosen. Er wurde in Abwesenheit zum Tode verurteilt

Charles F. **Vatterott** jr. (1902-1971) - vgl. Seite 30, 34, 54 – gründete 1919 mit 17 Jahren die CF **Vatterott** Company zum Bau von Häusern, zunächst in Missouri und später in weiteren Staaten der USA. Er legte den Grundstein für die Bedeutung der Familie **Vatterott** mit „CF **Vatterott** and Company". Seine Idee, Menschen unabhängig von Rasse und Religion ein gemeinsames Leben unter gleichen Bedingungen zu ermöglichen, führte zum Bau von mehr als 26.000 Eigenheimen bis 2009. Neben der „CF **Vatterott** and Company" gründete er 35 Unternehmen im Bereich Gesundheit und Freizeit. Für seine Leistungen wurde er mit einem Orden vom US-Kongress ausgezeichnet. Im „History Museum of Missouri" in St. Louis hat Charles F. **Vatterott** seinen Platz neben dem Präsidenten der USA, Thomas Jefferson (1743 – 1826) und dem ersten Alleinüberquerer des Atlantiks mit dem Flugzeug von New York nach Paris Charles Lindbergh (1902 – 1974).

Charles F. **Vatterott** jr. und Joseph H. **Vatterott** (1909 – 1989) - vgl. Seite 34, 55 – waren Ritter des Malteser-Ordens. Beide wurden mit dem Jerusalemkreuz des Ritterordens vom Heiligen Grab zu Jerusalem ausgezeichnet. Sie haben als eigenständige, juristische Personen des Kirchenrechts die offizielle Anerkennung aller Regierungen, die mit dem Heiligen Stuhl in diplomatischer Beziehung stehen. Beide gründeten „The **Vatterott** Foundation" in St. Ann, St. Louis County, Missouri. Sie dient „zur Linderung von Armut, Krankheit und Not, für die Förderung von Bildung, Wissenschaft und Lernen sowie der Verwirklichung des Reiches Christi auf Erden." Charles und seine Frau Patricia kauften als Rückzugsort für ihre 17 Kinder „Cedar Creek" in den Hügeln vom Weinland Missouri und errichteten dort für fromme Katholiken, Philanthropen, Waisenkinder und Ordensleute, einen Sommeraufenthalt. 1965 wurde Cedar Creek der Gesellschaft Mariens als ein Zentrum für spirituelle Ruhepausen gespendet.

Josef **Vatterott** (1917 – 1978) – Seite 26, 34, 54 - Ingenieur und Steinsetzmeister gründete 1947 ein großes Bauunternehmen in Stahle mit mehreren hundert Mitarbeitern und 1964 in Eschershausen eine Tankstelle mit Autohaus sowie Werkstatt. Die Tankstelle und das Autohaus erbte Sohn Rudolf **Vatterott,** geb. 1944. Dieser entwickelte mit seinem Bruder Michael **Vatterott,** geb. 1955 das Autohaus für Volkswagen, Audi, Seat und SKODA mit je drei Standorten in Holzminden, Eschershausen und Stadtoldendorf

John **Vatterott** (1943 – 2023) – Seite 6, 32, 55 - gründete über 20 „**Vatterott** Colleges" in verschiedenen Bundesstaaten der USA. Diese haben Studiengänge mit Diplom, Associate Degree und Bachelor für das Studium in Gesundheitswesen, Wirtschaft, Informatik und technischen Bereichen. 1978 kaufte John Cedar Creek zurück als ein Konferenzzentrum und zu Treffen der weltweit verzweigten **Vatterott**-Familie.

Karl Heinz **Vatterott**, geb. 1946, Dr.-Ing. erlernte den Beruf des Maschinenschlossers, studierte Maschinenbau und promovierte auf dem Gebiet der Planetengetriebe. Er war viele Jahre im In- und Ausland sowie am Deutschen Patent- und Markenamt mit Fach- und Führungsverantwortung tätig. Er schrieb viele Publikationen für weltweit anerkannte Fachzeitschriften. Firmen meldeten Patente mit seinen Erfindungen an. Seine Liebe zum Familienleben ist die Triebfeder für seine umfangreichen Recherchen zum Namen „**Vatterode**", die in Buchform in drei Auflagen vorliegen. Ferner organisierte er die weltweiten Familientreffen 2008 und 2016 in Niederorschel.

3.2 Schreibweisen des bürgerlichen Namen **Vatterode**

Urkundlich nachgewiesene Schreibweisen des Familiennamens „**Vatterode**": **Faderod, Fadrot, Fastirodt, Fastirohtt, Fastirot, Fastiroth, Fateroth, Fatrodt, Fatrot, Fatt, Fatterro, Fattroth, Vadderodd, Vastgeroth, Vastiroth, Vater, Vaterod, Vateroden, Vaterodht, Vaterodt, Vaterrodt, Vaterroth, Vatter, Vatterod, Vatterode, Vatterodt, Vatterot, Vatteroth**, **Vatterott, Vatterrodt, Vatterrott, Vattrodt, Vattroth, Wadderod, Wadderodt, Wadderoth, Wadteroda, Walterode, Wanderoda, Watderott, Waterrod, Waterroter, Waterstrodt, Wattenrod, Wattenrodt, Wattenroth, Wattenrott, Watterod, Watteroda, Watterode, Watteroden, Watterods, Watterodt, Watterot, Watteroth, Watterots, Watterott, Wattevolt, Watrodt, Wattrode, Wattrodt, Wattropp, Wattroth, Wattrott, Welteroth, Wetherod, Wetterodt, Wetteroth, Wettersth, Wetteruth, Wettroth** und **Wittersth.**

3.3 Zukunftsgerichtete Aktivitäten der Familie **„Vatterode"**

Vom 30. Mai – 1. Juni 2008 und vom 27. – 29. Mai 2016 feierten die **Vatterod'**s jeweils mit über 600 weltweit verstreuten Angehörigen in Niederorschel ein Familientreffen für

Jung und Alt, bei Spiel und Tanz. Es war eine Kontaktbörse, viele neue Freundschaften wurden geknüpft und haben Bestand. Organisator war Karl Heinz **Vatterott** – vgl. 6, 17, 55, Klappentext -, der Schreiber der drei Bände ***„Vatterode“.***

Seit 1956 findet in den USA jedes Jahr am 2. Samstag im Juni ein Familientreffen statt. Nähere Einzelheiten sind im Internet zu „**Vatterott** Foundation“ angegeben.

4. Zusammenfassung

747 hat es eine kleine versteckte Waldsiedlung oder Rodungssiedlung, ***Fadesresrod, Vaddaroth oder Waddroth*** mit einer kleinen Kapelle gegeben. In der Siedlung wohnte die Familie **von Walterode**, ein altes Adelsgeschlecht aus der heutigen Wüstung **Walterode,** in Stadtallendorf. Sie hat sich als Grundherr nach ihrem Wohnort in „**von Watterodt**“ umbenannt. Demzufolge ist der 952 erstmals urkundlich erwähnte eichsfeldische Meierhof ***Watterodt*** den Edelherrn der Familie **von Vatterode** als Verwalter zugeordnet. 1520 gab es drei Rittergüter mit Johannes **von Watterodt zu Vatterode**, Friedrich **von Watterodt zu Mauderode** und Heinrich **von Watterodt zu Branderode.** Diese hatten Güter der Welfen und Hohnsteiner im Mansfelder Land, dem Südharz, Unter- und Obereichsfeld. Mit Hans Heinrich **von Watterodt zu Branderode** und Steina ist 1659 der letzte seines Stammes mit 86 Jahren verstorben.

Länderarme Mitglieder der Familie **von Vatterott** wurden erstmalig 1435 erwähnt. Sie kamen aufgrund ihres Standes unverheiratet in den Klöstern unter oder mussten vor einer Heirat einen geregelten Lebensunterhalt für die Familie vorweisen können. Diese Familienmitglieder wählten einen angesehenen Beruf, z. B. Bader, Badstübner, Balbier, Branntweinbrenner, Brauer, Chirurgus, Feldscher, Müller und fürstlicher Orgel- und Instrumentenmacher. Sie ließen sich normalerweise aus sozialen Gründen, z. B. wegen der familiären Bande, wegen des Freundeskreises, der ihnen Sicherheit bot, oder wegen der geringen Mobilität mit dem Pferd und zu Fuß, in der Nähe der Erbverwandtschaft und anderer adeliger Verwandten nieder. Von dort aus hat sich der bürgerliche Name **Vatterode** weltweit verzweigt.

In den Büchern „***Vatterode***“ ist die Geschichte der Familie mit dem Herkunftsnamen „**Vatterode“** mit ihren Wanderungsbewegungen und den dazu führenden Ursachen erläutert. Die Menschen suchen eine Heimat. Als Ergebnis lässt sich sagen:

Heimat ist ein Ort, an dem sich eine Person zu Hause, d. h. wohl fühlt. Es kann der Geburtsort, der Wohnort, das Vaterland oder auch ein Sehnsuchtsort sein.

Abbildung 9: Postkarte anlässlich des Jahreswechsels 1913/14 entworfen vom Maler Heinrich **Wetteroth** – Seite 24, 52 -, Tätigkeit in München von 1908 bis 1922. Heinrich **Wetteroth** war Maler und betrieb eine Kunstdruckerei in München.

Figure 9: Postcard for the New Year's Eve 1913/14 designed by the painter Heinrich Wetteroth – page 24, 52 -, who worked in Munich from 1908 to 1922. Heinrich Wetteroth was a painter and ran an art printing shop in Munich.

Abbildung 10a: Bildnis von Heinrich Josef **Watteroth** – Seite 25, 53 -. Das Original befindet sich im Sitzungszimmer der Rechtswissenschaftlichen Fakultät in der Universität Wien und ein Ansichtsbild für Dokumentationszwecke im Archiv ebenda.

Figure 10: Portrait of Heinrich Josef Watteroth – page 25, 53 -. The original hangs in the meeting room of the Faculty of Law at the University of Vienna and a view image for documentation is deposited in the archive there.

Abbildung 10b: Josef mit Ehefrau Josefine **Vatterott** - Seite 27, 54 - bei ihrer Silberhochzeit.

Abbildung 10c: Matthias **Vatterott** - Seite 27, 54 - Geschäftsführer Autohaus **Vatterott** in Holzminden, Eschershausen und Stadtoldendorf.

Abbildung 10d: Michael **Vatterott** - Seite 27, 54 – mit Ehefrau Marion, Kinder: Stefanie + Simon; Geschäftsführer Autohaus **Vatterott.**

Figure 10d: Michael Vatterott - page 27, 54 – with wife Marion, children: Stefanie + Simon; Managing director of the **Vatterott** car dealership.

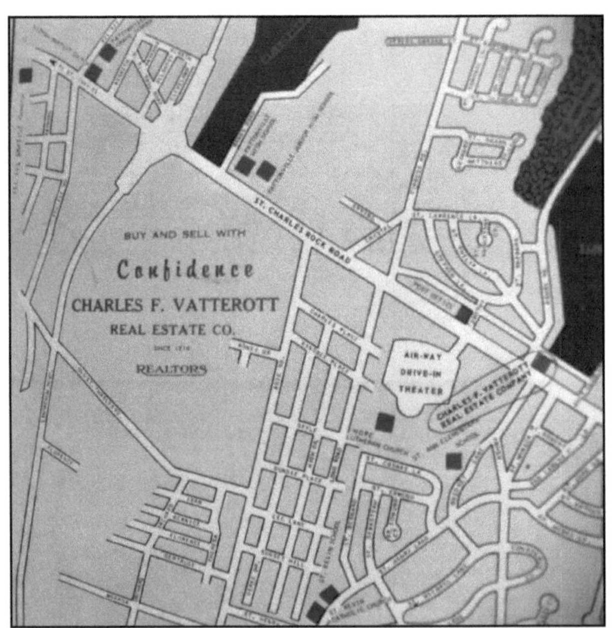

Abbildung 10e: Auszug aus der Ausstellung der CF **Vatterott** and Companiy im „History Museum von Missouri“ in St. Louis – Seite 26, 34, 54.

Figure 10e: Excerpt from the exhibition of CF **Vatterott** and Companiy in the “History Museum of Missouri” in St. Louis – pages 26, 34, 54.

Karl Heinz Vatterott

Vatterode

A name in the history of the Mansfelder Land and the Eichsfeld

3rd Edition; expanded compendium of the 1st and 2nd editions in English

Manufacturing and publishing: BoD – Books on Demand, Norderstedt

Figure 11, 12: John Charles - see pages 6, 27, 55 -, view of Circleville, a western town for filmproduction in Cedar Creek.

Bibliographic information from the German National Library.
The German National Library lists this publication in the German national bibliography. Detailed bibliographic data is available on Internet available via http://dnd.dnb.de.

Title page and rear covers: K. H. Vatterott; Coat of arms of the family **“v. WATTERODT"** Traced in 2008 on behalf of Mr. Klaus Watteroth
(It corresponds to the coat of arms of those “**v. WATTERODT”** in Steina)

ISBN: 9783758375729

Production and publishing: BoD – Books on Demand, Norderstedt

Preface

This work on the place name *"Vatterode"* and the family name **"Vatterode",** which is derived from the first, results from the interest of family members in the origins of our ancestors. Our ancestors are our roots. They sharpen our view of the present and they are our guides for the future. In the first two editions, both the origin and the current dissemination of the name *"Vatterode"* were shown. The historical events related to the name *"Vatterode"* were extracted from history and processed into an independent whole. Diverse variations of the place name *"Vatterode"* as well as the family name were identified. Thus the correctness of ancestry research with the different spellings of the family names is verified. The spreading of the family name **"Vatterode"**, as reflected in history, was analysed starting from the Mansfelder Land, the southern Harz and the Eichsfeld. Also, the attractive offers from areas of immigration, for the improvement of the economic or political situation, were taken into consideration. The italic characters *"Vatterode"* are used for the name variants of the place names, and the normal characters **"Vatterode"** for the personal names.

This book, ***Vatterode,*** in the 3rd edition, is a compendium of the expanded 1st and 2nd editions in German and English. These findings were enriched by further discoveries about our noble ancestors, along with the historical facts occurred since the coming up of our family name **"Vatterode".** Thus, the family history of the **Vatterode**s results from the combined content of the three editions.

The research carried out proves the derivation of the name of the noble family **von Watterode** as well as the civil family name **"Vatterode"** from the place name ***Vatterode***. The early historical records document the power and possessions of the name bearers. The accomplishments of the noble ones are given priority over the bearers of the civil family name. Among the latter, some were selected based on their merits.

The research of sources for this study could only be carried out with the support of Mr. Heinz Duensing from Steina, as well as through donations. Special thanks are due to all supporters. Last but not least, we would also like to thank the **Vatterott**s in the USA, especially John **Vatterott** - see pages 6, 27, §2, 55 - for their extraordinary family interest.

Karl Heinz **Vatterott**

Figure 13: Die Dokumentation der CF **Vatterott** and Company im „History Museum of Missouri“ in St. Louis – Seite 26, 30, 54.

The documentation of CF Vatterott and Company in the “History Museum of Missouri” in St. Louis.

Figure 14: Charles F. **Vatterott** Jr. - see pages 26, 30, 54.

Figure 15: His Eminence John J. Cardinal Carberry with Joseph H. **Vatterott** 1971 - see pages 26- 55.

Table of contents **page**

1. About a Family Name

When people hear their own name, even if it is distorted, their attention is drawn to their inner self. Interest and appreciation for the person itself are aroused. Even in the middle of a lively conversation, you are momentarily distracted by curiosity and you may think: "Is the mention of my name significant, positive or negative?" For a short time, the conversation is even interrupted by the sole mention of the name to avoid missing the information associated with it, to classify it, and to act according to its significance. This creates an individualization of the person and the desire for distinctiveness.

The name used for individualization and identification refers to a person, an object, an organizational unit or a concept. Due to its influence on public affairs and its greater impact, the nobility stood out from the social environment. Hereout resulted this layer's claim to military and political leadership. To document land ownership and record tax payments, family names developed among the nobility over time. They were not simply transmitted through inheritance but as a result of the individual's descent and membership in a family:

- Being officially binding.
- Lasting for lifetime.
- Being inheritable.

The noble's elevated position, surname included, could be inherited regardless of the original economic basis:

- Through military superiority or achievements, sword nobility, knighthood.
- Through economic superiority, large landownership, patricianship.
- Awarded by a king or emperor: service or official nobility.
- Due to a special religious role: priestly nobility.

The inheritance law of the nobility was based on agnation, i.e., only male descendants on the father's side were entitled to inherit. Agnation is paternal power over all family members as well as property. A female person was only allowed to inherit if married to a nobleman.

1.1 On Social Development Around the Family Name **"Vatterode"**

In pre-industrial civilizations, an aristocratic class emerged, and young noblemen not yet knighted were referred to as Junkers. This term originates from the Middle High German word "Juncherre" and denotes a noble landowner or a young rural nobleman.

Starting from a minimum age of 14, a knight-born youth could perform auxiliary services as a squire or noble boy, learning the craft of weapons. Upon promotion to a knight, he received a consecrated short sword from the priest and was allowed to participate in tournaments. If a squire, by the age of 21, had distinguished himself through courage and loyalty, he received knighthood for the long sword and lance.

The sword nobility assumed the defense of the rural population with horses, weapons, and soldiers, and was at the same time supplied and equipped by it. A vassal system with jurisdiction developed, where the more powerful transferred to his followers the means and responsibility for their own maintenance. The Guelphs of the House of Hannover are one of the few still flourishing German dynasties, already documented before the turn of the first millennium.

In Central Europe, a landlord was either a member of the order of the nobility or of the clergy. He was a landowner or leaseholder with disposal power over the land, typically exercising extensive administrative functions, for example the allocation of agricultural or forestry land usage, lower court functions with legal administration, and other public powers. The landlord had the right of patronage and authority over his subjects in religious or property rights issues. However, the landlord was also obligated to provide protection and support for his subjects. Manorial power encompassed a governance and property structure, incorporating hereditary subservience, body rule, patron rule, judicial rule, tithe rule, bailiwick power, and village authority. Consequently, a nobleman, as a landlord, had the power to dispose of people. This concept could probably be found in a similar form in Germanic communities before the Middle Ages. This ruler of the population principle prevailed through Christianization, the ruler being comparable to a male-dominant shepherd over the flock and its disposability. Over time, the burdens orally passed to the flock gradually changed, often increasing to serve their spiritual well-being.

Every manorial estate had a so called manor. In the Middle Ages, this was usually a castle; later, a palace or manor house. In the early and high Middle Ages, the manorial central courts were often referred to as curtis or curia. The manor house accommotated the family of its owner with administrators and servants; it was simultaneously the economic and administrative center of the manorial rule. Forms of design of the manor were the allod, the manor. In addition to the tasks of a manorial estate, the manor was often associated with lower and, in rarer cases, with high jurisdiction. Simultaneously, until the peasants' liberation, judicial functions were carried out, besides representing the authority as local police power for the rights of hunting, often for fishing, brewing and other bans. The estates of a sovereign were referred to as domains or chamber properties.

In the Carolingian period from 751 to 919 AD, several *Fronhöfe* or *Salhöfe* were assigned to a manor. These served to manage the landlord's individual, often scattered farms or hoofs. The *Salland* was cultivated independently with the help of unfree servants under the direction of a *Meier*. Farmers in bondage, who were liable to pay interest, performed a fixed number of days of compulsory labor, such as clamping work on the *Fronhof*, and also cultivated their own farmsteads given to them in return for ground interest or natural contributions. The contributions in kind from the serfs played an important role until the end of the manorial rule and were recorded in the *Salbooks*, also known as *Berein*, in the *Hebe* register, earth book, interest register, or the *Urbar*, *Urbarium*, pl. *Urbare* or *Urbarien*. The terms are derived from the Middle High German "*erbern*" (inherit), „hervorbringen " (produce) or "Ertrag bringen" (bring a yield). The registers, created for economic, administrative or legal purposes, served to list the properties, taxes and services of a manor (e.g., a monastery) or a villication. There were also registers for taxes of the sovereigns and, from 1543, for the Turkish tax.

Noble families made lasting contributions to the culture of the Middle Ages through their participation in government, by founding cities, and by establishing or supporting monasteries and cathedral schools. In order to break the dominance of the local nobility, the king often appointed archbishops and bishops from outside their diocese as nobles.

1.2 About Naming

Naming is regulated very differently around the world and depends on culture, tradition, social order, and origin. The Romans already had a 3-name system: Quintus Horatius Flaccus (the 5th of the Horatii clan, the blonde) – first name - clan name – nickname.

Among the nobility, the family name was developed to document land ownership and record tax payments. Since the fiefdoms became hereditary in 1037, the Central European nobility had fixed family names for inheritance claims; later, the patricians and townspeople followed this custom. To document the taxes paid by the dependents, they also had to be given a name. The naming or founding of a settlement often took place long before it was first mentioned in documents. With the help of place names, we can, therefore, look at a distant era without documents in the direction of early history.

A family name was inherited for the first time in Venice in the 9th century. This custom spread to England and Switzerland in the 12th century. Later, the hereditary surname also became common in western and southern German cities. The synod in Constance-Lustenau of 1435 formed a basis for consistent family names. Church records were systematized according to it. The order was implemented only hesitantly by the priests. The family name could also change, e.g., when moving away or due to a new profession. At the beginning of the 15th century, family names were in use for everyone and everywhere in the German-speaking world.

To address and identify a person, a first name was sufficient until the 12th century. With the rapid growth of the population, a name alone was no longer sufficient for identification. The trend developed to add a nickname or surname to the given name. The surname was often derived from the profession or provenience. This type of epithet only worked well as long as everyone involved knew each other personally; it was not suitable to guarantee ownership for generations. That is why the first name plus last name model that already existed in the 12th century for nobles and patricians was adopted for the rest of the population.

Farm names or homestead names, like ***Watherode***, can be assigned to a specific farm or a specific residential settlement. Hence a German family name was originally often derived from a place or field name as a designation of origin or toponym. The living space can, for example, be named after the shape of the terrain, e.g., in flat terrain, on the mountain, or even after a profession. For a new owner or tenant, the previous family name would no longer be in use, and the new place of residence became the family name. The names of origin, therefore, indicate the original long-term place of residence of a person or a family. Early forms include names such as "Walther von der Vogelweide". They arise from the time of single names and become fixed as family names. The later nobility predicate "**von**" is derived from this phenomenon. While nobles originally used the "**von**" with the place name, this was later replaced by **"v."** to distinguish themselves from other people because there was a time of strong internal migration, and the rural population moved to the growing cities. Administrative reasons led to the loss of the nickname and to fixed surnames, such as Hartmanus "von ***Vatterode***"; here, the "*von*" means from ***Vatterode***. The family name often loses the **"von** or **v."** later on. For larger manors that had many subjects in a region, a local *Meier* (administrator) was often appointed for administration.

Until the end of the 18th century, the family name of a child, even of an illegitimate descendant, was based on the father's family name. If this family name was unknown, the child was given the mother's family name. From 1800 onwards, all illegitimate children were given their mother's family name.

Until 1800, changes to the family name through changed spellings, reformulation, shortening, expansion, or replacement with a completely different name were not uncommon; such changes continue to occur to the present day. Although there were already fixed family names in the 16th century, they were not fixed in our current sense. In the individual German-speaking areas, there are many different spelling variants of family names and often several sound variants simultaneously. Until the 19th century, there existed a traditionally established, but not really supra-regional orthography. In some cases, however, there was not even a local regulation of spelling. When recording the family names in writing, the respective scribe made it according to the phonetic variants, common in that language area, that were very diverse in the entire German-speaking area due to dialect and colloquial languages. When reproducing certain phonemes and phonetic combinations, differences in the spelling of a name can be detected. Arbitrary name changes were banned in Saxony by law in 1662.

In 1875, registry offices were introduced, and names were recorded, but this did not cut out negligent or unauthorized transcription errors. Since January 5th, 1938, changing the name has become possible again for an important reason through the "Law on the Change of Family Names and First Names".

2. About the Name **"Vatterode"**

After the settlement of ***Watterode*** in the county of Mansfeld, an old noble family, the "**von Walterode"** family, renamed itself **"von Watterodt"**. The name **Walterode** could only be determined for a field name in Allendorf, which was first mentioned in 782, today's Stadtallendorf with the Lauterbach office in Hesse. There is a piece of land called ***Walterode***, which according to oral tradition is an abandoned settlement. A family from **Walterode**, originally based in ***Walterode***, renamed itself after the town of ***Vatterode*** in the county of Mansfeld after moving there. The name "**von Watterodt"** is therefore a name of origin and dates from the start of the naming for nobles who own it by descent. Therefore, similar place names have to be evaluated for the spreading of the name at the beginning of the Middle Ages.

The place name ***Vatterode*** can be found in total three times in Germany, in the Mansfelder Land, in Untereichsfeld, and in Obereichsfeld. These places are mentioned in their individual histories in similar spellings, as the areas used to be linguistically related. Furthermore, relationships between family names and place names were established to better identify people. The relationship between the family name **Vatterode** and the towns of Steina, Branderode, and Mauderode also resulted in the early Middle Ages.

2.1 On the Place Name ***"Vatterode"*** in the Mansfelder Land

In 747, there were armed conflicts on the Heidenkoppe, now called Heidkoppe. A small hidden forest or clearing settlement, ***Fadesresrod, Vaddaroth***, or ***Waddroth***, was located in the valley below the Heidkoppe at this time and had a small chapel on the site of today's church in ***Vatterode***. On October 22, 973, the village of ***Faderesrod*** or

Fateresrod was first mentioned in an exchange document rich in place names between Archbishop Adalbert of the Archbishopric of Magdeburg and Abbot Werinhar of the Fulda Monastery when ***Vatterode*** was transferred to the young Archbishopric of Magdeburg. At ***Fadesresrod***, these are donations contained in the Chartularia of Fulda during the period of the monastery's first two centuries, i.e., in the 8th and 9th centuries. According to tradition, the name ***Vatterode*** comes from a clearing settlement that was first mentioned in 953 as "***Fadesresrod***" or "***Vaddaroth***" instead of today's "***Vatterode***" on the occasion of a territorial exchange between Emperor Otto II and the Archbishop of Fulda.

The following spellings have been documented for the places with the name ***"Vatterode": Faderode, Faderodt, Faderoth, Fadesresrod, Fateresrod, Fateroda, Vaddaroth, Vadderode, Vadderoth, Vaderode, Vaterode, Vaterodt, Vatherode, Vattenroda, Vatterode, Waddanroth, Wadderod, Wadderode, Wadderodt, Wadderot, Wadderoth, Wadderuoth, Waddroth, Walterode, Wandunruoth, Warderode, Wardirode, Watherode, Watterod, Watterode, Watterodt, and Watteroth.***

2.2 The Origin of the Place Name **Vatterode**

The name ***Vatterode*** comes from the town of ***Vatterode*** in the Mansfeld region. The place name is a compound and consists of a determinant ***"Vatte-"*** and a basic word ***"-rode."*** There are various possible explanations for both the determinant and the basic word. Variants for the basic word ***"fade-"*** are:

1. Derived from Old High German "fatar", Middle High German "father," Old Saxon "fadar," or from an Old Saxon given name ***"fader"*** = father or from three godfathers or
2. From the family name Fader from the root word ***Fad***, Gothic ***"faths"*** = man or a first name, based on the family name Fadher,
   or
3. From the English or the German word ***"Vat"*** for a cooper's "barrel".

In the wake of Christianization, existing names were generally reinterpreted in the Christian sense, *fader* = father, God our Father in the spiritual sense.

The basic word **"-rode"** developed:

1. From the Old or Middle High German word ***"rod"*** or ***"rad",*** the clearing of forests. In the phonetic transcription an "a" was pronounced as "o".

2. Alternatively, the ending "–rode" could initially appear in the Old High German form Ro(O)t, Low German "Rot" as a nominative. As an alternative, later, we have the dative singular form ***"rode"*** = "to the clearing".

With the help of the end syllables, we can deduce the date of the origin of a town. The location ***"Vatterode"*** was first mentioned in an exchange document in 973 as ***Fadesresrod*** or ***Vaddaroth***. But there had probably existed a hidden forest settlement already in 747 with the names of ***Fateresrod, Waddroth*** or similar. As can be seen, the place name in its several variants is composed of the determinant ***"Fade"*** and the basic word ***"rod".*** The latter identifies the location as a clearing settlement. Thus, the place name ***"Vatterode"*** is derived from:

"Fader", the father, or ***"Vat",*** the barrel maker, who logged, ***"rode",*** the trees.

2.3 About the Family Name **"von Vatterode"** in the Mansfelder Region

In 1206, on June 22, Count Burchard von Scharzfeld sold the Reifenstein monastery goods in Birkungen and the patronage of the church there; its witness is Johannes from ***Wardirode, Warderode***.

The living Junker Hans **von Vatterode** was mentioned for the first time in 1252: "He belonged to a noble family that had long resided in ***Vatterode*** and is the advisor of Count Hermann of Mansfeltt III. and was needed in large and important matters by Burggrave Burckharten of Magdeburg, noble Lord of Quernfurtt, and by his brothers. The Junker Hans **von Vatterode** was particularly remembered in 1256 on the occasion of a special donation to the Rodardesdorf monastery. Rodardesdorf is a place near ***Vatterode*** in the Mansfelder region. At that time, the Rodardesdorf monastery was a Cistercian monastery. Its abbess, G. von Hackeborn, born at Helfta Castle in 1232, is a descendant of a respected baronial family.

In 1311, after the departure of the **von Vatterode**'s, the junker brothers Ludwig and Goswin von Hohnstein in the County of Hohnstein received their IX. fiefdom from Count Burckhardt of Magdeburg.

In 1520 Johann **von Watterode** owned a manor in ***Watterode***. Friedrich and Heinrich **von Watterode** had also belonged to the noble family between 1311 and 1499. Therefore, only these two branches of the **Vatterode** family could have moved away in 1311.

In 1523, a farmer's servant was killed between Gräfenstuhl and the neighboring ***Vatterode*** in the Mansfelder Land. The perpetrator has never been officially identified to this day. However, in 1738, when the altar of the church in Steina was torn down, a letter of indulgence was found: "The Katharina wood was given by the Lords **von Watterodt** as a church penance with an indulgence for the sin of manslaughter. This homicide took place in a dispute with a rival over Katharina. Note: The guilt was to be compensated by the donation to the church. Church punishment, 6th commandment, see Exodus 2, Chapter 20." The Katharina wood measures 14,250 square meters. The population believed in a gift because of a wedding to a woman named Katharina. Her name remained attached to the forest forever. In 1525, a monk who had left the Walkenried monastery became a Protestant pastor in Steina. The indulgence was not meant for him, what certifies that the indulgence had been granted immediately after the murder.

In 1525, Martin Luther began the Reformation in Wittenberg because of misuse of the biblical fundamentals, principally, because of the sale of indulgences. Princes and cities supported him with his theses. They implemented his demands in their territories and thus evaded the power of the emperor and the pope. Furthermore, the peasant revolt against the nobility and clergy raged in the Mansfeld region. The nobility and clergy in the County of Mansfeld were initially inferior to the rebellious farmers. Monasteries were plundered, some of them completely demolished, and many documents that certified the farmers' dependence on the authorities were destroyed. The Counts of Schwarzburg and Stolberg submitted to the superior power of the farmers. The farmers' revolt brings to an end the documentary mentioning of the **von Vatterott** from ***Vatterode*** in the Mansfeld region.

According to the documents of the municipality of ***Vatterode*** in the Mansfelder Land, there is no reference to a family name **Vatterott** from 1523 to 2006.

2.4 On the Family Name "**von Vatterode**" in the Area Around Steina

In 1311, the **von Vatterott** family transferred the IXth fief of Count Burckhardt of Magdeburg in the County of Hohenstein to the Count von Hohnstein, and in return, they received fiefdoms in Steina. This village was first mentioned in 1268. The **von Watterodt** aristocratic family had two cousin lines, from 1311 as Junkers **at Branderode** with Friedrich, and from 1543 with Christoffel and Jörge **von Watterode** and **at Mauderode** with Heinrich. Then, from 1580 onwards, Johann owned several properties in Steina and the surrounding area. The gentlemen **von Watterodt** authenticated documents with their stamp seal as an insignia, conferring the document legal force. For the nobility, the insignia showed the origin, power, and authority of the authenticator. The estates were fiefs of the von Hohenstein family or inheritance from the fish hook clan.

County of Hohnstein:

- Reign of Clettenberg, Sachsa (Bad Sachsa), Vorwerk Nixey (Nuexei), ..., Branderode, ..., Limnigerode (Limlingerode), Makenrode (Mackenrode), Klettenberg, ..., Bischofrode, …., Salza, ..., Maunderode (Mauderode)
- Mills...
- Lordship of Lohra/Amt Dietenborn Klein Bodungen (Kleinbodungen), Buhla, Ascherode, ..., Bleicherode, Lohra (Münchlohra), Haynrode (Hainrode/Hainleite)
- Mountains:

-- Duchy of Pits Hagen, Steina,

...

-- Principality of Anhalt, ..., Gernrode

- Mill,

.....

-- Nordhausen, Nordhausen

......

-- Eichsfeld, Dihna (Deuna), ..., Ursel (Niederorschel), Hypstedt, Bernterode, Breiten Worbis (Breitenworbis), ..., Bockelhagen (Bockelnhagen), ..., Kl. Gerode (Geroda), Bischofsrode) Bischofferode)

-- authority Gros Bodungen, ..., Gr. Bodungen (large floors), Neustadt, ...,

-- authority Walkenried, ..., Walkenried, ...

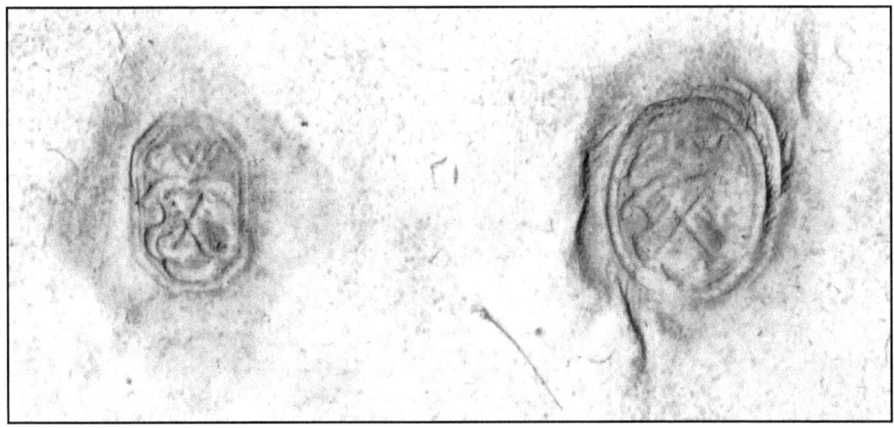

Figure 16: Coat of arms of cousins Christoffel and Jörge **von Watterode**

Another insignia is the **von Watterodt's** coat of arms. Coats of arms were created in the Middle Ages around 1130 to identify knights who were unrecognizable in their armor. Family coats had legal significance as a symbol of the status and legal rights of their bearers and became an indispensable part of the noble representation.

Figure 17: Coat of arms of the family **von Watterode** from ***Vatterode*** in the Mansfelder Land. The coat of arms contains a shield with two crossed silver fishhooks on a red background, a helmet, a helmet crown, and a helmet ornament. The latter shows a shield figure and a three-piece feather trunk in frontal representation, centrally positioned in the shield figure. The helmet or royal crown has five jags. It was a particular award and characterized the nobility since the 13th century.

Figure 18: A coat of arms of the **von Watterode** family found in the Steina church on April 19, 1844. This coat of arms was created in the 14th century and was not professionally restored. A smaller format of this original coat of arms was in the possession of the owners of the house at Kirchplatz 5, Steina. The author Karl Heinz **Vatterott** had the opportunity to see this coat of arms for the first time wrapped in a book in 2007. The coat of arms of the Lords **von Watterode** was cut out of fabric, largely tattered, and considered no longer suitable for restoration. The eyes in the worn-out peacock feathers could still be perceived in the helmet ornament. An identical second textile coat of arms is supposed to exist, but it was not yet found.

According to the dimensions of the shield, the helmet, the royal crown, and the crest, the coat of arms of the **von Watterode** family was created in the 12th and 13th centuries. The symbols of the coat of arms were adopted by the eldest son in the 14th century as a hereditary family symbol. Based on the three bars of the coat of arms, at least four generations had already existed before the coat of arms was created. An older coat of arms assigned to **von Vatterode** - see figure 17 - was published in 1984. As a result, the **von Watterode** family carried their hereditary coat of arms as early as the 12th century. Both coats of arms contain a shield with a red background and two silver fishing hooks, stylized in golden in the newer version. A temple helmet, a five-pointed helmet crown, including a helmet ornament, are visible on the shield. There is also a helmet corner on both coats of arms. The one found in 1844 has a chain with a brooch around its neck.

The insignia of the coat of arms of those **von Watterodt** mean:

- The shield color red stands for law, strength, bravery, dignity, and love.
- The Golden color of the fish hooks for glory, reputation, majesty, dignity, wealth.
- The fishing hooks for fish-rich waters with fishing privileges and membership in the fishing hook clan.
- The five-pointed helmet crown is the royal crown and had to be specially awarded as a symbol of nobility since the 13th century.
- The peacock feathers represent wealth, royalty, pride, love, and passion.

The members of the fishing hook clan, like those **von Watterodt**, von Minnigerode, von Riemen, and von Salza, were feudal people of Braunschweig and had peacock feathers on their helmets. The Guelph Otto IV. of Braunschweig first mentioned the Allerburg in 1266, which was in the hands of the Counts of Hohenstein in 1312. Based on these coats of arms, a Hohenzollern coat of arms' painter created the one of the **von Watterode** family depicted on the cover of this work.

In 1492, the **von Watterodt**s in the two cousin lines administered the properties together. Each had its own mayor; decisions were made by written communication, and in 1499 they were mentioned as the judges for the lower jurisdiction over the village and the Feldmark Steina. They held the position of hereditary lords with their Junkerland as knights and patron lords with all the related rights and duties, like salarium, as well as the knightly service. One line was based in Mauderode and died out in 1632, and the other in Branderode. In the Junker village of Steina, in the event of a death, the residents had to pay the mortuary as a payment in kind to the landlord. For example, they had to hand over their best garment or their best piece of cattle to the landlord. As patrons, the **von Watterodt**s donated the Steina church.

1323 – 1499 The Noble Lord of the abandoned settlement of ***Watterodt*** was N. N. of **Watterodt** (the Squire). In 1324, one of the witnesses was Henricus **Watterod**, Squire. In 1324, Heinrich **von Watterodt**, the Squire, was the Noble Lord of the abandoned settlement of ***Watterodt***. In 1471, **Friedrich3* von Watterodt** (the previous) was the Noble Lord of the abandoned settlement of ***Watterodt***. In 1499, the Noble Lords of the abandoned settlement of ***Watterodt*** were **Heinrich2*** and **Friedrich2*** (brother of **Heinrich) von Watterodt** (the Squire). * The number after the first name indicates the respective generation of the name.

Figure 19: St. Catherine's Church, Steina 2008; behind the church, the property belonging to the von **Watterodt**'s is located with a park lying in front of it.

In 1520, there were three cousin lines of the von Watterodt noble family: Heinrich **zu Mauderode**, Friedrich **zu Branderode**, and Johann **zu Vatterode**.

In 1549, there is evidence of an enfeoffment on behalf of Grubenhagen and the Duke of Braunschweig-Lüneburg of the Lords **von Watterodt**. From 1774, the duchy had a personal union with the Kingdom of Great Britain.

In 1593, Johann **von Watterodt zu Mauderode** was the pallbearer of Ernst VII von Hohenstein, who died on July 8th, being 31 years, nineteen weeks, and one day old. Ernst VII., the last of his family, was the well-born and noble Mr. G: the 7th of the name Ernst and the last of the family G: Volckmar Wolff's son, G: zu Hohnstein, Lord of Lhar and Klettenberg, administrator of Walckenrieth, in which monastery he died. With the death of Ernst VII., the last of the male line of the Counts of Hohenstein, their rule came to an end in 1593. Because he was the last of his family, the coat of arms, the signet ring, and the sword were buried with him. The County of Hohenstein came under the Duchy of Braunschweig, and the property went to the Guelphs.

Between 1590 and 1610, the **von Watterodt** house was built in Steina; the previous official residence had been in Branderode - see Fig. 1-. Until the death of Hans Heinrich **von Watterodt** in 1659, the manor house in Steina- see Fig. 2-, which still exists today, was the residence of the last **von Watterodt**.

In 1613, following the death of Duke Heinrich Julius on July 20, 1613, "by God's grace, We Friedrich Ulrich, Duke of Braunschweig and Lüneburg," continued to appoint the **von Watterodt** family as landlords. John **von Watterodt zu Mauderoda**, son of the deceased Christof, will also become the heir of Hans Heinrich **von Watterodt**, if he has no male heirs. The **von Watterodt** family held the following estates as fiefs or possessions:

1. The Weiningen estate
2. Bischoferode with the old rights
3. The bailiwick of Gratzungen
4. The three farms and three Hufen of land in Wittigerode
5. "Ahrensberg from the path that leads up to the Wesnbach, and then on to the beaten path, the Knull, between the large Uhlental"
6. Half a hooves of land in the Beris (Barbis) *benalden Lutterberkg* (near Lauterberg).
7. Aue, Bartolfelde, Bleicherode, Branderode, Epschenrode, Holbach, Immenrode, Liebenrode, Limnlingerode, Mauderode, Osterhagen, Poppenrode, Pützlingen, in Saxony, Scharzfeld, Steina, Tettenborn, Vorspringe, and the Netzebach fish pond.

In 1620, Vinzens **von Watterode** was entrusted by Prince Grubenhagen with the dairy and its equipment in the village of Holbach; he had discrepancies with the bailiff in Clettenberg.

From 1618 to 1648, the Thirty Years' War raged with unbelievable cruelty. In the beginning, it was a religious war over the right faith with the true doctrine, especially over the salvation of souls. In this war, the antagonism between the emperor and the Catholic League on one side and the Protestant Union on the other erupted at the imperial level. In the end, it was a territorial war for the power of the dynasties. A commander could give the soldiers free rein to torture, murder, loot, rape, and burn down houses. It was with the spoils of war, that the often undersupplied, starving soldiers secured their survival. They had to be disciplined to stop them from marauding. Around 40% of the population lost their lives.

John **von Watterodt zu Mauderode**, born on December 5, 1599, an honorary citizen of Nordhausen, became a half-orphan in 1606. He served as a knight in the Protestant army of the Guelphs. He was taken prisoner on the "free imperial highway in the Catholic area", tortured with twisting, sulfur, and salt, among other things. In 1632, he was sentenced to death for the manslaugther of a farmhand in 1523, and the shooting of a farmer in 1632. John predeceased his grandfather Johann on December 12, 1632.

In 1635, the knighthood in the Principality of Grubenhagen (according to the ancient chronicle) included:

"Those of

- Minnigeroda zu Woldershausen
- Leuthorst zu Dorstadt
- Wobersnow zu Wellellersen

- Itzo Das from Dassel
- **Watterode zu Steina** (line extinct in 1659, deleted in a version from 1750, Hardenberg zu Lindau is mentioned instead)
- Berckefeldt zu Hörden and before Osteroda
- Hagen zu Rüdigershagen
- Cludy zu Elbingeroda
- Hedeman zu Dorste."

On March 16, 1659, Hans Heinrich **von Watterodt zu Branderode and Steina**, the last of his clan, died at the age of 86 and was buried in Sachsa. With Maria Miezefall, he had two sons, who had died before him. With his death, the property of the **von Watterode** families fell to the von Mininigerode zu Wollershausen, which also belonged to the fishing hook clan.

In 1650, Otto von Mauderode, the princely privy councillor, war council and emissary at the Reichstag in Regensburg for Braunschweig-Celle, acquired the nobility title „Otto von Mauderode". Many of his descendants later on served in the Prussian army.

2.5 About the place name ***"Vatterode,"*** today's abandoned area on the edge of the Untereichsfeld:

Otto the Great established the center of his rule in Magdeburg and governed according to the guiding principles of the Holy Empire. He founded the Archdiocese of Magdeburg. Both Otto II. (973 - 983) and Henry II. (1002 - 1024) often stayed in Pöhlde at Christmas. After Henry III. in 1059, no more rulers stayed in Pöhlde , which meant its end as a center of government.

The archbishops of Magdeburg used to hunt in ***Vatterode***. The Magdeburg Archbishop Gisiler from ***Vatterode***, Mansfelder Land, was followed by Tagino (1023 to 1033), Gero (who died in ***Vadderoth***), Hunfried (who died there in 1051), and Bishop Hartwig (who also died there in 1102). They handed over their possessions and the Gisiler farm to the Counts of Mansfeld.

In 952, King Otto I of Magdeburg, with the consent of Archbishop Hatto of Mainz, donated the Pöhlde monastery and confirmed the monastery's ownership and income in Eichsfeld settlements such as ***Watterodt***. This place, also called ***Waddanroth***, ***super Wadderuoth, Wandunruot, Wadderodt, Wadderot,*** or ***Wadderode***, is a farm or dairy farm. It was administered by the noble lords of the **von Watterodt** family from ***Vatterode*** in the Mansfeld region. As a result, the place name and the family name "von Vatterode" have been proven to have existed at least since 952.

The abandoned settlement of ***Waderuoth*** near Rhumspringe in the Duderstadt district was mentioned in 1055. It is located between Rhume and Rotenberg, as well as near Wollershausen; as a diary near Lütgenhausen and Rüdershausen. This location was submitted by means of a lot of handmade, unordered sketches, drawn in the 1580s in the county of Lauterberg – comp. the first edition, page 184. They show the landscapes in the neighbouring places, the Rhume source, streets, ditches, woods and shrubs. They were put into order to form a map, that was compared with today's maps.

From 1323 to 1499, the squires Friedrich **zu Branderode** and Heinrich **zu Mauderode** are stated as noble lords for the administration of the abandoned settlement "***Vatterode***" - cf. **2.3** -.

2.6 On the place name "***Vatterode***" in the Obereichsfeld

In 1331, on August 4, it is stated in a purchase contract that the widow Gertrude of Hartmann von ***Vatherode*** had acquired estates between Dietzenrode and ***Vatterode***. The name Hartmann von ***Vatherode*** does not indicate a nobleman but rather Hartmann from ***Vatherode***. In 1338, ***Vatterode*** is documented as a village between Lenterode and Dietzenrode.

In 1347, the city of Allendorf bought an already existing farm in ***Vatterode***, the imaginary monastery, from the Abbess Adelheid of the Katharinen Monastery in Eisenach. The farm was inhabited by nuns, monastery servants, and maids, and can therefore be described as a branch of the Katharinen Monastery in Eisenach.

From 1555 to 1585, pastoral care in ***Vatterode*** was carried out from Allendorf/Werra, after which Allendorf/Werra had its own vicariate until 1945. The surname **Vatterott** cannot be found in the church records from all these years.

The farm in ***Vatterode***, which was inhabited by nuns, monastery servants, and maids until 1347, was obviously intended to serve as the basis for founding a monastery. Normally, four to seven nuns founded a new monastery, and Cistercian monks led the pastoral care. The monasteries' pursuit of well-rounded land ownership to make a profit, as well as a lack of opportunity for expansion in the narrow valley around ***Vatterode***, led to the sale of the farm to the city of Allendorf in 1347.

The donation in 1256 to the Cistercian monastery of Rodardesdorf, the Cistercian neighborhood of ***Vatterode*** in the Mansfelder Land, and the expansion of power make the filiation in ***Vatterode*** in Obereichsfeld appear to have been founded by the Lords **von**

Watterodt. They thought they were making a contribution to the culture of the Middle Ages and to the salvation of their souls. However, this wish was not fulfilled.

2.7 Spellings of the noble family name **Vatterode**

Documented spellings of the noble family name **Vatterode: von Vatterode, von Vatterodt, von Wadderod, Wadderodt, von Wadteroda, von Walterode, von Wanderoda, Waterrod, Watterod, von Watteroda, Watterode, von Watteroden, von Watterodt, von Watterot, von Watteroth, von Watterott,** and **von Wattrode**.

3. About the civic name **Vatterode**

To address and identify a person, a first name was sufficient until the 12th century. With the rapid growth of cities and their population, a single name alone was no longer sufficient for identification. Nevertheless, the residents had to be distinctly addressed.

Analogous to the nobility, the hereditary family name was introduced for the entire population. In 1453, at the Synod of Constance-Lustenau the basis for current family names was fixed. Church books had to comply with it. The new rules were only hesitantly carried out by the priests. At the Council of Trient (1545 to 1563), the implementation of church books was once again expressly recalled. Owing to the Reformation in 1517, the change of religious leaders with different affiliations to the Catholic or Protestant Church due to the Reformation and Counter-Reformation, and as a result of the 30 Years' War in which the cities were hardly impregnable from the outside on account of their mighty walls, it was only from 1648 onwards that documents for members of the Christian faith started to be diffused all over. Rural areas managed without a fixed family name until the 18th, and in Friesland until the 19th century.

The peace of the 30 Years' War was brought by the law "cuius regio, eius religio", "whose country, whose religion." This law had already been acknowledged in the "Religious Peace of Augsburg" in 1555. Eichsfeld belonged to Mainz, and the population, therefore, had to be Catholic. Only individual estates were Protestant. Surrounded by a Protestant Sea, Eichsfeld forms a Catholic Island with Protestant lakes. As a result, the Vatterodes outside the Eichsfeld region generally had to be Protestants.

In the Middle Ages, the members of the Fishhook clan spread from north to south, from the Mansfelder Land to the Obereichsfeld and from west to east, from Grebenstein to ***Vatterode*** in the Mansfelder Land, with the different structure between Protestants and Catholics.

In the inheritance law of the nobility, primogeniture ensures the undivided continued ownership of the assets during the time of its sovereignty, i.e. its continued ownership over the entire ancestral territory. As a result, members of the **von Watterodt** family appear without land property. The **von** being of no use for them, they renounced it. They became students or chose a respected profession. In connection with the family name **Vatterott**, there are clergymen, bathers, bathhouse workers, barbers, brandy distillers, brewers, surgeons, field technicians, millers, and princely organ or instrument makers. Many middle-class "**Vatterode**s" obviously took advantage of the proximity to the family group of the Fishhook clan.

The "**Vatterode**" family owned extensive property in Saxony-Anhalt, Thuringia, and Lower Saxony. The civic name **Faderod** was first mentioned in general in 1435 and for two brothers **Vaderodht** in 1548 in Niederorschel. The **Vatterode**s possessed considerable land in Niederorschel as well as water rights for the operation of various mills. Due to the secure supply, larger groups of **Vatterod**s were able to settle there, for instance in 1610 Curt and Christoph along with their families. The name Christoph appears in Weilar in 1650 and in Grebenstein in 1658. The "**Vatterode**s" have dispersed until today, from the 19th century onwards in the USA too.

As a result of the manorial services and taxes to be paid by the rural population, as well as the oppressive and unfair collection of land taxes, there was no longer any income left for the cultivators of land. In consequence, large areas of arable land lay fallow. Until 1848, almost no measures were taken to create a free farming community.

The sedentary population, settled in the overcrowded Obereichsfeld, although willing to work under modest conditions, now started to show its sensitivity. Hardly any family could live from agriculture and had to rely on part-time employment. More and more people were without work and tried everything, day in and day out, to at least find a way to survive with their families. Mass impoverishment and mass distress arose. This situation was exacerbated by bad harvests in 1816, 1826, 1829, 1832, 1837, 1842 and 1846. The result was a serious increase in illnesses, wasting to the point of death, and high child mortality. The king approved support to alleviate the calamity just for Silesians. The Eichsfelders first migrated to the surrounding area, to the beet fields in the Magdeburg and Braunschweig areas, to brickyards, peat mills, and sugar factories or for laborious peddling with back carriers and carts. They took the work which were given, became e.g., wool combers, harvesters, bricklayers, carpenters, butchers, day laborers, or field workers, and were welcome as hard-working, modest people. At the beginning of winter, they returned to their homeland with their savings. In addition to the migrant workers, all frontiers being open, there were also emigrants from the smaller estates, like Obereichsfeld that belonged to Prussia, into other kingdoms, like Hannover. As a result, there are now **Vatterode**s scattered all over Germany.

Political reasons led to a revolution in Europe in 1848. It failed. In hindsight, copious Germans feared punishment in Germany. The failure of the revolution incited them to emigrate.

The misery caused by social, economic and latent political issues led countless people to set off into the unknown, e.g., as migrant workers. They believed to find fertile soil, as well as favorable working and living conditions in the USA. It was forbidden for those aged 17 to 25 to leave Prussia because of military service. Numerous persons, especially young ones, who wanted to avoid military service, left their homeland without government authorization, notwithstanding the threat of severe punishment. Also members of the "**Vatterode**" family belonged to this group. They neither had a permit to leave the country nor were they to be found in the ship's passenger lists or in the entry registers for the USA. Since even legal emigrants were transported in an inhumane manner, it is difficult to imagine the conditions under which stowaways reached the USA by ship.

Many of the emigrants among the **Vatterode**s from Eichsfeld and Weilar were on the lowest social level. Only a few, like the descendants of Heinrich **Vatterott**, born in 1852 in Niederorschel, and those of **Wetteroth** from Weilar – see Page 29 -, were able to make it to comfortable life conditions. Their successors belonged to the entrepreneur type that often exists in the period a country is built up. Thanks to their hard work, perseverance, and daring, many companies were founded at home and abroad.

3.1 Selected personalities of the **Vatterode** family

Heinrich Joseph **Watteroth** (1757 – 1819) – pages 26, 29 - was a professor of legal history at the University of Vienna. In 1789, at the cardinal's request, he had to give up this subject area because of his anti-Catholic attitude. Instead, he became a professor for political sciences and law. In 1810, the emperor Josef II and Leopold II bestowed the honorary citizenship for Vienna upon him. He had access to all archives and registries of central offices as well as to state and administrative authorities. In premonition of an impending secularization, he pointed out how to handle the monastery and the church benefices, taking the constitutional law into consideration. He published many books under his proper name and the alias Joseph Kreutzenstein.

Ignaz **Watterott** (1869 – 1922) – page 27 – was Provincial of the Oblati Mariae Immaculatae, a congregation of the missionaries of the oblates of the Immaculate Virgin

Mary in the German province of Roermund, Netherlands. In 1914, he received the iron cross on the white sash for the chivalrous fulfillment of his duty when restraining a Prussian soldier. It was a German award, which was bestowed for a deed not performed during a battle with the enemy. He wrote numerous books, which, among other things, led to the beatification of the nun Clara Fey in 2018.

Franz **Vaterrodt** (1890-1969) – page 27- was in Straßburg from 1941 to 1944 as a commander of the Wehrmacht. On November 23rd, in 1944, in his function as lieutenant general and combat commander, he handed 626 Germans over to the French, the enemy not having caused any military pressure. In absence, he was sentenced to death.

Charles Francis **Vatterott jr.** (1902-1971) – comp. pages 26, 27, 30, 34 –, in 1919, at the age of 17, founded the *CF **Vatterott*** for the construction of houses, first in Missouri and later on in other states of the USA. With this company, he laid the foundation for the prominence of the **Vatterott** family. He had the idea of enabling people, regardless of their race and religion, to live together under equal conditions. His ideas became real with the building of more than 26.000 houses until 2009. He added another 35 companies, all of them in the health and leisure sector. For his achievements, he was awarded a medal by the US Congress. In the "History Museum of Missouri" in St. Louis, Charles F. **Vatterott** is placed next to the President of the USA, Thomas Jefferson (1743 – 1826), and next to the first solo crosser of the Atlantic by plane from New York to Paris, Charles Lindbergh (1902 – 1974).

Charles F. **Vatterott** Jr. and **Joseph H. Vatterott** (1909 -1989) – comp. pages 26 and 34 - were both Knights of the Order of Malta and were awarded the Jerusalem Cross of the Knights of the Holy Sepulchre in Jerusalem. The brotherhood being an independent legal entity under canon law, it is officially recognized by all governments that maintain diplomatic relations with the Holy See. They both established "The **Vatterott** Foundation" in St. Ann, St. Louis County, Missouri. It serves "to alleviate poverty, illness, and distress, to promote education, science, and learning as well as the realization of the Kingdom of Christ on earth." Charles and his wife Patricia bought "Cedar Creek" in the hills of the Missouri wine country as a retreat for their 17 children and established a summer retreat there for devout Catholics, philanthropists, orphans, and religious. In 1965, Cedar Creek was donated to the Society of Mary as a spiritual respite center.

Josef **Vatterott (1917 – 1978)** – pages 27, 30 **-**, an engineer and master stone setter, founded a large building company in Stahle with several hundred employees in 1947. Additionally, he established a gas station with a car dealership and workshop in Eschershausen in 1964. The latter were inherited by his son Rudolf **Vatterott**, born in 1944. Rudolf, along with his brother Michael **Vatterott**, born in 1955, developed the car dealership for Volkswagen, Audi, Seat, and SKODA, in three different locations: Holzminden, Eschershausen, and Stadtoldendorf.

John **Vatterott** (1943 – 2023) – pages 6, 27, 32-, founded over 20 "**Vatterott** Colleges" in various states in the USA. These colleges offer degree programs with a diploma, associate degree, and bachelor's degree in healthcare, business administration, computer science, and technical areas. In 1978, John purchased Cedar Creek back as a conference center and gathering place for the Vatterott family scattered all over the globe.

Karl Heinz **Vatterott** - see blurb, pages 6, 17, 27, 28 -, born in 1946, EngD, first became a machine fitter, then studied mechanical engineering and received his Phd in the field of planetary gears. For many years he worked in Germany and abroad, as well as at the German Patent and Trademark Office, being responsible for know-how and management. He wrote many publications for globally recognized scientific journals. Companies applied for patents with his inventions. His love for family life is the driving force for his extensive research into the name "**Vatterode**". The resulting books are available in book form in three editions. He organized the global family meetings in 2008 and 2016 in Niederorschel.

3.2 Spellings of the civic name **Vatterode**

Documented spellings of the family name "**Vatterode**": **Faderod, Fadrot, Fastirodt, Fastirohtt, Fastirot, Fastiroth, Fateroth, Fatrodt, Fatrot, Fatt, Fatterro, Fattroth, Vadderodd, Vastgeroth, Vastiroth, Father, Vaterod, Vateroden, Vaterodht, Vaterodt, Vaterrodt, Vaterroth, father, Vatterod, Vatterode, Vatterodt, Vatterot, Vatteroth, Vatterott, Vatterrodt, Vatterrott, Vattrodt, Vattroth, Wadderod, Wadderodt, Wadderoth, Wadteroda, Walterode, Wanderoda, Watderott, Waterrod, Waterroter, Waterstrodt, Wattenrod, Wattenrodt, Wattenroth, Wattenrott, Watterod, Watteroda, Watterode, Wat teroden, Watterods, Watterodt, Watterot, Watteroth, Watterots, Watterott, Wattevolt, Watrodt, Wattrode, Wattrodt, Wattropp, Wattroth, Wattrott, Welteroth, Wetherod, Wetterodt , Wetteroth, Wettersth, Wetteruth, Wettroth and Wittersth.** Our all origin is from ***Vatterode***. We are all relatives.

3.3 Future-oriented activities of the **"Vatterode"** family

From May 30th to June 1st, 2008, and from May 27th to 29th, 2016, the **Vatterod**s celebrated a family reunion for young and old with games and dancing in Niederorschel, with over 600 relatives from around the world. It was a contact exchange, where many new friendships were made that have endured.

Every year on the second Saturday in June, a family meeting has regularly taken place in the USA since 1956. Further details can be found on the "**Vatterott** Foundation", see internet site.

4. Summary

In 747, there existed a small hidden forest or clearing settlement, ***Fadesresrod, Vaddaroth***, or ***Waddroth***, with a small chapel. Here lived the von **Walterode** family, an old noble family from today's abandoned settlement ***Walterode*** in Stadtallendorf. Being the landlords, they renamed themselves "**von Watterodt**" according to their place of residence. Accordingly, the diary of Eichsfeld, first documented in 952, is assigned to the noble lords of the **von Vatterode** family as administrators. In 1520, there were three knightly farms belonging to Johannes **von Watterodt zu Vatterode, Friederich von Watterodt zu Mauderode,** and **Heinrich von Watterodt zu Branderode**. They possessed estates from the Guelfs and Hohnsteiners in the Mansfelder Land, the South Harz and in the Unter- and Obereichsfeld. With Hans Heinrich **von Watterodt zu Branderode and Steina**, the last of his clan died in 1659 at the age of 86.

Members of the **von Vatterott** family, who only owned little land, chose the monastery life staying unmarried or had to find a suitable way of supporting a family before marrying. These family members opted for a respectable profession, e.g., bather, bathhouse worker, barber, brandy distiller, brewer, surgeon, field technician, miller, and princely organ and instrument maker. They usually settled near their hereditary relationships or other noble relatives, often out of social reasons, either because of the family ties that offered them some kind of security, or due to the reduced mobility on horseback and on foot. Subsequently, the bourgeois name **Vatterode** has branched off worldwide.

This book tells the history of a family based on its family name "**Vatterode**", with its migration movements and the circumstances that engendered them. Mankind is always searching for a home. As a result, based on the different biographies in this book, it can be said:

Home is a place where a person feels "at home", in the meaning of comfortable. This can be the place of birth, the place of residence, the fatherland, or just a place longed for.